科学健身指导丛书

PILATES
SELF- REHABILITATION TRAINING AT HOME

普拉提
家中自我康复练习

赵丹彤　熊　攀 ◎ 著

北京体育大学出版社

策划编辑：吴　珂
责任编辑：吴　珂
责任校对：田　露　刘艺璇
版式设计：谭德毅

图书在版编目（CIP）数据

　　普拉提家中自我康复练习 / 赵丹彤, 熊攀著. -- 北京 : 北京体育大学出版社, 2022.4
　　ISBN 978-7-5644-3457-1

　　Ⅰ.①普… Ⅱ.①赵… ②熊… Ⅲ.①健身运动 Ⅳ.①G883

中国版本图书馆CIP数据核字（2021）第157558号

普拉提家中自我康复练习
PULATI JIAZHONG ZIWO KANGFU LIANXI

赵丹彤　熊攀　著

出版发行：	北京体育大学出版社
地　　址：	北京市海淀区农大南路1号院2号楼2层办公B-212
邮　　编：	100084
网　　址：	http://cbs.bsu.edu.cn
发 行 部：	010-62989320
邮 购 部：	北京体育大学出版社读者服务部 010-62989432
印　　刷：	唐山玺诚印务有限公司
开　　本：	710 mm × 1000 mm　1/16
成品尺寸：	170 mm × 240 mm
印　　张：	7
字　　数：	120千字
版　　次：	2022年4月第1版
印　　次：	2022年4月第1版第1次印刷
定　　价：	45.00元

（本书如有印装质量问题，请与出版社联系调换）

版权所有·侵权必究

前　言

"普拉提"既是一项运动的名称、一种训练方式的表达，也是其发明者——德国人约瑟夫·休伯特斯·普拉提（Joseph Hubertus Pilates）姓氏的音译。普拉提先生在创造这套独特的训练方式和运动技能时，称其为"控制术"（Contrology）。全身健康、正确的呼吸、肌肉平衡发展、专注、核心、控制、精准、流畅是普拉提运动的八大核心原则。

本书分为四章。第一章和第二章以历史性和理论性知识为主，讲述了普拉提运动的历史、发展、训练原则和注意事项。笔者力求用通俗易懂的语言，对造成现代人慢性损伤和慢性疼痛的机制进行去复杂化、去理论化的讲解和描述，推动"防大于治"的科学训练理念的传播与应用，为后续的训练实践打下坚实的理论基础。第三章和第四章以图文并茂的形式，从"普拉提运动对日常生活动作模式的重塑"到"常见慢性损伤和疼痛的家庭自我康复计划"，将物理治疗与运动康复的理论巧妙融入其中，所有康复和训练内容的设计都围绕"中立位""核心控制""关节共轴""正确动作模式"展开，无论您是在家，还是在办公场所，只要掌握了正确的方法就能够开展自我康复训练、纠正性训练和强化训练。开启和强化动作模式的"金钥匙"，就蕴藏在本书之中，您的阅读便能开启这场寻找"金钥匙"之旅。

您可以将每一种动作模式都想象成大脑系统下辖的一个个运行程序，无论是错误的动作模式还是正确的动作模式，都是一个个独立的运行程序。我们进行纠正和强化训练，其实就是给大脑书写一个新的运行程序，新的运行程序无法将原有的错误程序替换掉，所以我们只能通过针对性训练，提升神经—肌肉的控制能力，引导并试图强化大脑牢记正确的程序，让大脑以后尽可能地只运行这个正确的程序。

就像运动技能学习的几个必经阶段一样，所有的动作学习都要经过泛化阶段、分化阶段、巩固阶段及自动化阶段这四个阶段，如果在泛化或者分化阶段就停止学习或练习，那已经产生的正确动作模式的痕迹也会逐渐消失，正确动作模式的本体感觉就会像许久不复习的英语单词一样，变得越来越模糊。最终，神经—肌肉的控制就会变得混沌，承载着错误动作模式的程序就会重新控制您的身体。所以，坚持练习很重要，千万不要让错误的动作模式有机可乘，赶紧开始您的寻宝之旅吧！

目 录 Contents

第一章　普拉提运动的历史与发展 1

第一节　普拉提运动的历史 1

第二节　普拉提运动的益处 2

第三节　普拉提运动的分类及器械介绍 5

第二章　普拉提运动的基础理论 9

第一节　普拉提运动的原则 9

第二节　人体骨骼基础解剖和禁忌症 11

第三章　普拉提运动对日常生活动作模式的重塑 14

第一节　练习前的静态身体姿态评估 15

第二节　正确呼吸模式的建立与练习 18

第三节　日常生活中常见错误动作模式的自评与纠正 23

第四章　常见慢性损伤和疼痛的家庭自我康复练习 42

第一节　腰痛的家庭自我康复练习 42

第二节　颈痛的家庭自我康复计划 53

第三节　肩周炎的家庭自我康复练习 58

第四节　不同人群的普拉提训练计划 65

第一章
普拉提运动的历史与发展

第一节　普拉提运动的历史

一、普拉提运动概述

在 Return to Life Through Contrology 一书中，约瑟夫·休伯特斯·普拉提将他的训练方法描述为控制的艺术。普拉提运动所有动作的运动方式，无论是看起来的外观还是运动时的感受，都像是人们日常生活的动作模式，它并不是一种治疗。如果长期坚持练习，普拉提运动可以提高柔韧性，增强力量，提高整个身体的神经—肌肉控制，发展肌肉耐力，它非常强调身体的排列、呼吸，发展强大的核心，增进身体的协调和平衡。普拉提运动中涉及的"核心"，包括腹部、背部和臀部的肌肉，通常也称为"动力源"（powerhouse），这是人体维持稳定的关键部位。但笔者想在此强调一点，普拉提运动虽非常强调核心的练习，但并不仅限于核心，事实上所有的普拉提动作都是全身性的。基于核心稳定的全身性神经—肌肉控制练习，才是训练的重点。普拉提运动具备完备的训练体系，无论是初学者还是高水平教练，又或是其他任何级别的训练者，都能直接开始普拉提的训练，无须先进行任何其他形式的练习作为辅助。随着身体对运动强度的不断适应，练习难度也可随之增加。

二、普拉提运动的诞生

创始人普拉提于1880年出生于德国，他的父亲是体操运动员，母亲是一名自然疗法医师。自孩童时代起，普拉提就患有哮喘和佝偻病。他为了强健体魄，自幼四处学习体操、拳击、健身等可以强身健体的运动与方法；此外，他也积极钻研东西方养生术。通过这些学习，普拉提在每个运动中，感受身体的每一个动作和肌肉的控制，然后他将这些运动融合在一起，创造出普拉提运动及其运动哲学，并于20世纪初期发展了训练方法。最初，他把自己的训练方法称为"控制的艺术"或肌肉控制。

他希望通过这种方法达到对精神和肌肉的完全控制。第一次世界大战爆发时，他被关押在曼恩岛（英国属地）的集中营中，用了四年时间，发明、改进并利用这套独特的运动方式，帮助大批被拘禁的囚犯进行身体康复，进而使这项运动受到大众的关注。战争晚期，他曾在一家医院担任医疗人员，并尝试使用病床上的金属杠支撑伤员疼痛的四肢，试图为其进行康复训练，他发现这种训练方式能够加速伤员的恢复。这种使用金属杠的训练方式，为普拉提后来设计和发明各种训练器械打下了基础，例如，在床上安装弹簧进行训练。

1926年，46岁的普拉提移民美国纽约，并在前往美国的船上遇见了他未来的妻子克莱拉。后来，普拉提夫妇在纽约第八大道成立了一间工作室，与纽约市芭蕾舞团在同一栋建筑里，并帮助舞蹈演员进行训练（图1-1）。

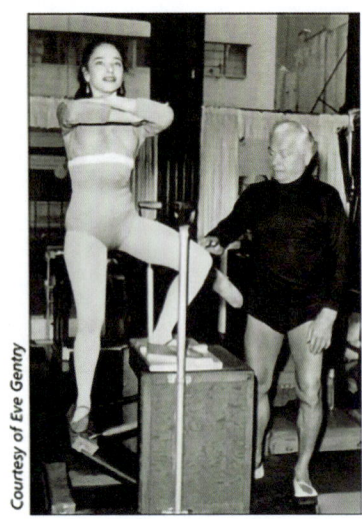

图1-1　普拉提先生使用万德椅（Wunda Chair）指导伊芙·金特里（Eve Gentry）进行力量训练
（伊芙·金特里是一名舞蹈家，是直接与普拉提先生学习并一起工作的第一代普拉提教师）

引自：*The Everything Pilates Book The ultimate guide to making your body stronger, leaner, and healthier*（2012年出版）。

因所使用训练方法的运动和康复效果显著，普拉提从此誉满美国，并逐步获得世界各国及社会各界的认同和肯定。普拉提在开设工作室期间，一边训练、一边教学，培养了如凯西·格兰特、杰伊·格兰姆斯、罗恩·弗莱彻、玛丽·鲍恩、鲍勃·锡德、伊芙·金特里等第一批弟子。这些弟子都已成为世界级的普拉提大师，继续传播、推动和引领普拉提在世界范围内的发展。工作室在普拉提去世后，由其妻子克莱拉继续经营，而后由其弟子接任掌门人，直到今天仍在运营，成为世界普拉提运动标志性的建筑。

第二节　普拉提运动的益处

经过多年的发展和演变，伴随着一代代普拉提导师、教练、物理治疗师的不断实践，普拉提运动已逐渐延伸和改良，成为具有不同目的和功能的训练体系，广泛应用在体育、医疗等领域。针对训练群体的不同需求，建立了针对普通人群的减脂塑形课程，针对骨科术后和慢性病疼痛患者的康复课程，针对产前、产后人群的康复课程，针对职业病人群参与高强度运动前的预备课程，也有针对竞技体育高水平运动员的康复训练和核心强化课程。

一、"神经—肌肉控制"的精准训练

普拉提运动通过强调正确的呼吸方式、正确的脊柱和骨盆排列，促进身体的精细控制，以达到练习过程中动作的流畅和精准的目的，进而促进身体的平衡、协调发展。在普拉提训练中，训练的"质"要远远比"量"更重要。

二、发展强大的核心，增强身体的稳定性

核心概念的提出与核心区域的定义，其实最初都是为专业运动员设计的。"核心训练"和"平板支撑"像运动界的宠儿一样，早已家喻户晓，即便是没进过健身房的人也会在偶尔聊天的时候，听到这几个词，甚至只要聊天的话题涉及大众健身或是体能训练，很多人相关也会将"核心训练"提出来，说上几句。但"核心训练"真的是这个时代的新名词吗？答案是否定的。核心训练其实早就存在，如我们小时候体育课上练习的仰卧起坐和"小燕飞"动作即属于核心训练。随着信息传播的高速发展，仰卧起坐在网络上逐渐被贴上"增加颈椎压力""压迫脊髓""致使腰椎间盘突出"等标签。但随着时间的推移，体育研究水平不断提高，研究者发现，真正造成这些不良训练后果的"元凶"并不是"仰卧起坐"这个动作本身，而是大家在完成动作前的肌肉力量储备不足、肌肉激活顺序错误和发力方式不正确等因素。有的人说"做仰卧起坐时，双手交叉抱头是个错误的动作姿势"，真的是这样吗？欢迎您继续阅读，我们会在后文中着重就该问题进行描述。

三、改善错误的身体姿态和生活习惯

普拉提的运动模式中，强调训练脊柱、骨盆、肩胛带的深层稳定肌。这些肌肉与姿态的维持关系密切。久坐办公室的上班族，大量时间被电脑和手机占据，而老年人则更多坐在电视前的沙发上，人们就这样长期维持着一个错误的姿态。如果带着这种错误的身体姿态参与运动，又会怎么样呢？这就好比是一台中了病毒的计算机，您不仅不使用杀毒软件，还对病毒恶意篡改系统的行为默不作声。面对这种情况，我们首先要做的就是"重置"。所谓"重置"并不是对大脑的完全格式化，因为大脑很神奇，特别是肌肉对于动作模式的记忆，试图将肌肉对于错误动作的记忆

从大脑中完全抹除是徒劳的。想要改正这些错误，只能再重新编写一个"正确动作的程序代码"录入到我们的大脑中，并不断强化大脑对"新程序"的选择和使用。这个过程，就是普拉提的训练过程。

四、在提升力量的同时，获得修长线条

普拉提运动的塑形练习与传统意义上的塑形有所不同，传统塑形通常意味着通过大量的负重训练建造出更粗壮的肌纤维，而普拉提塑形的意义则倾向于对肌肉进行更修长的雕琢。普拉提运动通过让肌肉在延伸和拉长的情况下进行向心和离心的收缩，在训练出肌力量的同时，训练出修长的肌肉线条，增强肌肉弹性，促进关节灵活性，这也是演艺界人士喜欢普拉提运动的原因。运动后，肌肉变得紧实而不松垮，尤其是腹部、腰部，事实上，全身的肌肉都能得到训练。许多人在做过普拉提运动的一两周后，都会感觉腰围明显缩小，走、跑、跳时感觉身体更加轻盈，这是因为核心的深层稳定肌经过训练之后被充分激活。

五、运动损伤与慢性疼痛的康复与治疗

在美国、德国、澳大利亚，很多医院或是物理治疗中心都设有普拉提康复室，医生也经常会推荐或转诊运动损伤和慢性疼痛的患者给物理治疗师，而在一些较为成熟的康复或物理治疗中心，通常还配有全职的普拉提教练专门辅助物理治疗师，为患者提供专业的康复训练。普拉提运动在损伤康复方面的效果不用多说，因为诞生该训练体系的灵感，就源于普拉提先生为因战争受伤、残疾、长期卧床并希望能恢复健康或正常行动的士兵所进行的有效训练。人，是一个张拉平衡的整体，任何一条肌肉的紧张或是韧带的松弛都会打破这种平衡，增加慢性疼痛和运动损伤的风险。

在普拉提运动近二十年的发展进程中，大批物理治疗师不断加入，许多有关动作控制、动作学习等领域的科学新知，不断与普拉提的运动理念和训练原则相融合，推动了普拉提这项运动向更具体、更科学的方向前行。学习和教授普拉提运动的物理治疗师，将运动医学、运动解剖学、运动康复学的经验、知识和技巧与普拉提康复训练的特点和技巧相融合，指导急性和慢性运动损伤、骨科术后、腰椎间盘突出、下腰痛、产前和产后、关节炎等患者，在增强身体控制、恢复关节活动度、增强肌肉力量、缩短康复时间、巩固康复训练等方面效果显著。

第三节 普拉提运动的分类及器械介绍

一、有关普拉提运动的分类

从训练内容上,当代普拉提运动既包括现代普拉提运动也包括古典(传统)普拉提运动。现代普拉提运动主要来自普拉提的第一代弟子在教学过程中根据自己的体验和理解对动作进行的调整和修改,古典(传统)普拉提运动则保留普拉提所创的原始动作。

从训练形式上,普拉提运动主要分为垫上普拉提、器械普拉提两类。器械普拉提还分为小器械和大器械,其中,小器械如普拉提圈、普拉提球(不同规格大小)、脊柱矫正器等,既可以在垫上单独使用,也可以根据训练者的需要配合普拉提大器械使用。

二、普拉提大器械的使用方法与适用范围

(一)核心床

核心床是普拉提众多器械中应用最为广泛、使用频率最高并适用于团课教学的器械。在核心床上能够实现仰卧、侧卧、俯卧、跪姿、站姿等多种体位的推、拉、蹬、跳练习,训练关注点既可以是上肢负重、下肢负重,也可以是核心或以核心稳定为前提的全身性练习(图1-2)。核心床不仅能训练人体的力量、柔韧性、协调

图1-2 普拉提大器械团课中核心床的上肢负重练习

性和平衡性，还能修正训练者身体的错误排列，有针对性地激活目标肌肉或肌群，减轻由于身体不平衡而导致的慢性疼痛，塑造优雅和柔韧有力的身体。

许多能够在核心床上完成的练习都适合练习者在家中进行。在普拉提的训练中，器械训练并不是垫上训练的进阶，经常有人认为，在普拉提大器械上的训练动作就一定比垫上动作更高级或者难度更大，这种认识是存在偏差的。以核心床为例，绝大多数的动作是在床面这个平板上完成的，平板的下端有不同磅数的弹簧与床身相连，练习中通过调整不同磅数弹簧的组合来实现针对性训练。非常特别的是，这些弹簧既可以是阻力，又可以是助力。当患者无法完成既定训练动作时，教练可通过增加助力或降低阻力的形式，帮助训练者达到训练目标；而当训练者已经适应训练的阻力时，教练则可以通过增加阻力和减少助力的形式，为训练者提供更具挑战性的练习。因此，在进行普拉提训练的初始阶段，训练者很难直接使用核心床进行自我训练。但随着训练者"段位"的升级，很多普拉提运动爱好者会购买一张可折叠的核心床放在家中，以便随时进行练习。

（二）凯迪拉克床（秋千床）

凯迪拉克床也叫秋千床，也是由普拉提亲自设计完成的，其主要灵感源于第一次世界大战期间帮助受伤士兵进行康复训练。无论是设计还是造型，凯迪拉克床仿佛都比核心床更加复杂，各种装置都可以进行拆卸和调整，所有弹簧的长短和磅数都可以根据训练者的实际需要进行调整，手杆也可以是脚杆，既可以推也可以拉，手套也可换成脚套，还可以进行双人练习（图1-3）。

所有装置间的不同排列组合为训练者提供了更加灵活和更具针对性的训练动作和训练强度，随便一个装置的改变都可以为训练者带来更大挑战。身体的排列、脊柱的逐节运动、深层稳定肌的激活、深层稳定肌与表层主动肌的协调发力、单块肌肉的孤立练习和基于核心稳定的全身练习都能通过调整这些装置得以实现。正因如此，凯迪拉克床的使用对教练或物理治疗师的要求也就更高，不同装置的调整和变化，都将对训练的针对性和训练效果起到直接的影响，每一个细节的变化都是教练或物理治疗师的专业水平、执教艺术和智慧的结晶。

第一章 普拉提运动的历史与发展 | 7

图 1-3 普拉提大器械双人力量训练展示

(三) 其他

最初，普拉提发明了使用床组成部分如金属杠等各种器械的运动，其中包括各种不同种类的带子、铁圈和绳子。普拉提器械发展至今，在运动训练实践中广泛应用的器械更为丰富，如脊柱矫正器、万德椅、梯桶等（图1-4），器械使用技巧基本与垫上运动相同。普拉提器械主要用来在训练者学习的过程中帮助他们完成训练，让训练者慢慢学会在没有辅助的情况下进行练习。

图1-4 普拉提大器械万德椅（左）及梯桶（右）的使用方法展示

第二章
普拉提运动的基础理论

第一节 普拉提运动的原则

普拉提运动包含 8 大运动原则：① 全身健康；② 正确的呼吸；③ 肌肉平衡发展；④ 专注；⑤ 核心；⑥ 控制；⑦ 精准；⑧ 流畅。

一、全身健康

全身健康指的是身体发展、心智与精神的完全协调。普拉提认为，整个身体健康可以通过运动、适当的饮食、良好的卫生和睡眠习惯、充足的阳光和新鲜的空气、生活与工作的平衡、娱乐和放松来达成。

二、正确的呼吸

生命的自然规律和自然的内在节奏是呼吸。普拉提在 *Return to Life Through Contrology* 一书中提到："呼吸是生命的第一幕，最重要的是，学会如何正确呼吸。"呼吸是生命和运动的同义词。它包罗万象，是身体、心灵和精神的纽带。呼吸是强力的入口，但它经常被忽视。深呼吸可以促进放松，释放紧张。呼吸也是实现内在焦点和内在节奏的工具，是放松心灵和安抚精神的途径，也是驱动所有运动的引擎。

正常呼吸是一个复杂的过程，涉及许多关节和肌肉，并分为主动控制呼吸和非主动控制呼吸。理解基本的呼吸周期是重要的，因为它能在运动周期中提供观察点。讨论呼吸时经常会提到的一个关键肌肉——膈肌，它是一种圆顶形的肌肉，形成了肋骨下方的"树冠"。膈肌在呼吸和打造"肌肉紧身衣"中扮演着重要的角色。在呼吸时，75%的呼吸效率来源于膈肌。吸气时，膈肌收缩变平，增加胸腔容积，其间，外部肋间肌也收缩，拉动肋骨向上。总体效果是胸部体积增加，肺内压下降，空气流入肺部。当膈肌松弛时，腹腔内的器官和腹部肌肉将其向上推入其圆顶形状内，从而降低胸部的垂直尺寸。此外，肺和胸壁的自然回弹造成胸部体积减少和肺内压力增加，挤压空气流出肺部，完成呼气。

在练习普拉提时，大多数动作都伴有腹部肌肉收缩，这在吸气过程中特别有挑战性。因此，在普拉提训练中，我们强调吸气时肋骨笼的横向和后向扩张。除了协助将空气吸入肺部，这种呼吸方式还有助于维持整个运动过程中的腹部肌肉收缩（吸气和呼气期间），同时又有助于躯干的动态稳定。

三、肌肉平衡发展

普拉提经常强调均衡开发肌肉的重要性。只有当肌肉均衡发展时才能实现真正意义上的灵活，才能达到功能、精神、全身的平衡。肌肉系统的对称协调发展会使脊柱呈现好的状态，支撑身体，协助运动，椎体与椎体之间能够良好排列，逐节活动，为躯干的运动提供强大的动力。

人体骨骼肌肉的情况经常显示出肌肉运动的失衡模式，原因多种多样。有些与优势侧相关，有些与脊柱侧弯相关，有些与缺乏灵活性或者过度灵活相关。有时，在身体处于自我保护、减轻疼痛阶段，一些肌肉会过度活跃，另一些肌肉则会被抑制。肌肉的失衡有时是因为特定的职业或长期不良姿势导致的，例如网球、羽毛球等单侧强势运动会造成肌肉发展不平衡；经常向一侧跷二郎腿会导致骨盆倾斜。缓解不平衡、达到更好的状态是我们孜孜不倦的追求。

四、专注

普拉提常说：“完美地重复 5 次比散漫地重复 20 次要好得多！”运动之前不妨先回顾一下，这个动作是什么样的起始位置，应该选用何种呼吸模式，应该调动哪些肌肉以及如何保持良好的力线。专注于身体力线将有助于调动正确的肌肉和避免身体承受不必要的压力，专注于呼吸模式将有助于在运动中保持良好的节奏和集中注意力。

五、核心

核心肌肉练习在整个运动中占有非常重要的位置，而普拉提又是一项非常强调核心肌肉的运动。有意识地收紧核心肌肉，维持稳定的、强而有力的核心是一切运动的基础。当开始练习并钻研普拉提运动时，您会体验到这种令人欣慰和愉悦的感觉。

六、控制

普拉提曾说过："只有当身体的整个机制处于完美的控制之下，才能成功地获得良好的姿态。"在练习初期，实现运动控制是一个有意识的过程。它在我们实践的过程中不停地重复。经过一段时间和无数次的重复，运动控制将慢慢转化为直觉，直接融合于整个运动过程和日常的举手投足间。

七、精准

没有精确度，普拉提练习就变得没有意义。普拉提运动的教学中一般有着明确的要求，例如动作起始的位置、运动的轨迹、呼吸的顺序与节奏等。精准是"矫正方法"的根基。普拉提练习需要较高的精确度，在每一次激活肌肉时，在每一次完成动作时，都要尽量做到精准。当练习者追求精准和细节后，常常认为自己的锻炼比以往任何时候都更深刻，尽管以前类似的动作做过很多次。

八、流畅

通常流畅不单指一个动作从起始到结束，还包括动作与动作之间的衔接。一名好的普拉提教练所编排的动作一定是符合运动原则的。一段高质量的普拉提练习，动作看起来不仅连贯流畅，而且舒展优美，具有功能性和针对性，可减轻练习者身体和精神的不适，达到全身的和谐。

第二节　人体骨骼基础解剖和禁忌症

一、普拉提运动和人体骨骼基础解剖

人体是一个复杂的、精密的仪器，各个关节各司其职又相互连接。当需要完成一个动作时，骨骼肌肉系统会有一个特定的模式运动。如果模式有偏差甚至错误时，该动作可能仍然可以完成，但通常效率会降低，出现代偿甚至损伤。普拉提练习特别强调身体的力线、运动模式的精确性，这无疑是一个非常好的运动康复治疗方法。下面简单为大家介绍人体的骨骼系统（图2-1）。

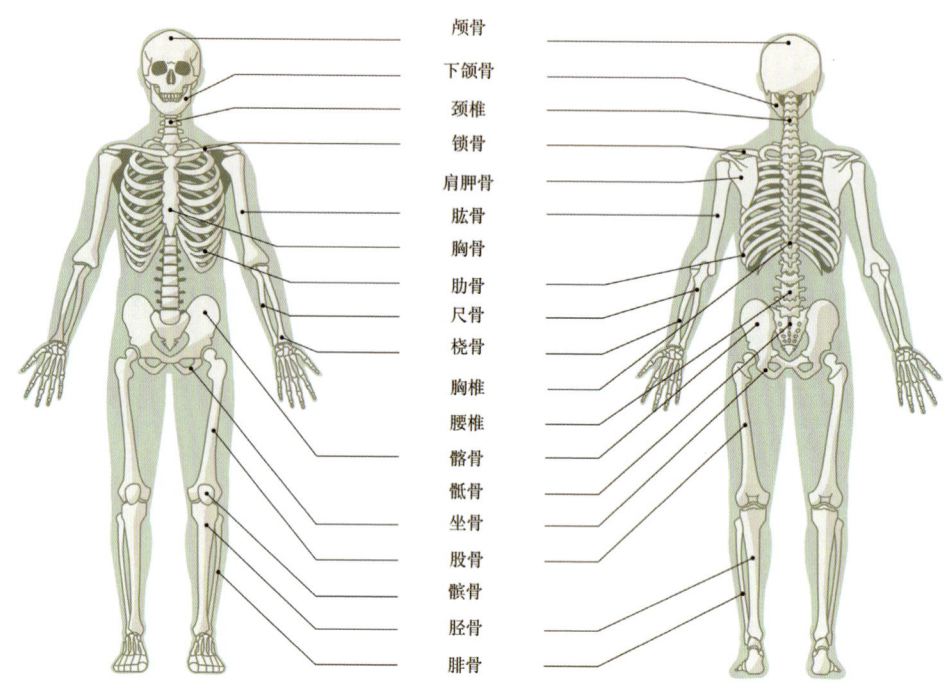

图 2-1 人体骨骼系统

大家先对人体的基本结构有个了解，在运动康复中我们经常会纠正患者的姿势、身体力线、运动模式等，这些都必须以解剖学为基础。普拉提运动因其运作的精准性经常被各国物理治疗师推荐为运动康复的优先采用手段，例如颈肩痛、腰背痛、膝关节疼痛、产后腹直肌分离、耻骨联合分离、骶髂关节功能紊乱、产后盆底肌松弛等。这些问题有的是由错误的姿势与骨骼肌肉排列所致，例如腰痛；有的是因为怀孕生产，身体发生了巨大的变化所致；有的是因为身体结构创伤所致，例如腰椎滑脱。普拉提运动不仅在激活核心肌肉方面有独到作用，而且在重新建立运动模式上极具优势。

普拉提运动目前在国内已逐步普及，越来越多的老百姓开始了解和喜爱这项运动，许多演艺明星和模特也对其青睐有加。除了专业的普拉提馆和康复医院，我们也可以利用常见的瑜伽垫和小工具自己在家完成一些普拉提练习。

二、普拉提运动的禁忌症

普拉提作为一项运动也有禁忌症，下面为大家列出一些常见禁忌症，如有相关情况，请不要在家自行练习，须咨询专业的骨科医生或物理治疗师。

（一）仰卧体式禁忌症

（1）怀孕中期及晚期。美国妇产科学会建议怀孕中期及晚期的孕妇不宜长时间仰卧，以免造成孕妇的体位性低血压。

（2）急性腰椎间盘突出。当椎间盘受到挤压、撕扯、扭转等伤害时会向外膨出刺激到神经根，仰卧位时会激惹到该症状，加剧疼痛。

（二）脊柱前屈体式禁忌症

（1）急性腰椎间盘突出。在无支撑和保护时，脊柱的前屈和旋转，或者负重时会加剧椎间盘突出的症状。

（2）骨质疏松。脊柱前屈时，相邻椎体前侧空间减小，压力增大，增大骨折风险。

（3）孕中晚期。脊柱前屈时，腹部肌肉压力明显增大，加大腹直肌分离风险。

（三）脊柱后伸体式禁忌症

（1）椎管狭窄。脊柱后伸时，脊神经根穿行的空间受到挤压，会加剧腰痛和下肢的疼痛、麻木等神经症状。

（2）腰椎滑脱。当出现腰椎滑脱时，椎体间缺乏正常的曲度，多出现于 L4~L5 或 L5~S1 间。脊柱后伸的练习会刺激到脊神经根，加剧腰痛和下肢的疼痛、麻木等神经症状。

（3）腰椎小关节面损伤综合征。当椎体小关节面活动度降低时，脊柱后伸会进一步加剧神经卡压症状。

（四）其他

（1）脊柱侧屈体式禁忌症：椎管狭窄、腰椎滑脱、骨质疏松（同理如上）。

（2）倒立体式禁忌症：青光眼、高血压、胃液返流。

第三章
普拉提运动对日常生活动作模式的重塑

　　人体是由 206 块骨头和 639 块肌肉所组成，它们都不是孤立的个体，即便是您已经能通过体表特征指出每块肌肉所在的位置，流利背诵出每块肌肉的起止点甚至肌肉功能，如果不对这些肌肉的工作加以引导和练习，您依旧无法确保它们在人体完成复杂动作时能够协调配合。人体的运动是复杂和多变的，日常生活中的每一个动作，像坐、立、行、走、推、拉、拿、搬、扛，都是由这些肌肉和骨骼相互协同工作最终产生动作而完成。尽管人在身体形态、身体机能以及身体素质方面存在较大差异，但骨骼结构、肌肉功能、动作模式却都是有章可循的。既然人的运动是由一群肌肉协同工作而完成的，那谁先谁后、用力多少、谁主动谁稳定就成了一个要解决的问题。当我们的神经—肌肉系统已经建立好了完备的工作系统，正确的动作模式也就无须进行刻意强调和额外练习，一切都将在无意识的条件反射中呈现。但事实上，如不刻意进行有针对性的纠正和巩固，部分人的神经—肌肉系统都是长期处于类似无组织的紊乱状态，或许单从表面上看，您的动作和正确动作模式并没有太大不同，但正是这种察觉不到的细微不同，最终让身体的运动效率逐渐降低，由不平衡和不协调引发的损伤风险也逐渐递增。

　　看到这里，您或许想说："那我有意识地按照正确的动作模式去完成生活中的每一个动作不就可以了吗？"遗憾的是，如果人真的可以完全通过自己的正确意识修复日常行动中的错误动作，可能下腰痛、功能障碍、上交叉综合征就不会困扰着无数人了。错误的姿态保持久了，您真的会忘记什么才是正确的，这就是习惯的力量，养成好习惯不容易，但是养成坏习惯似乎很简单，一不小心就掉入不良姿势或者坏习惯的泥沼中。这些错误的姿态是与生俱来的吗？当然不是。看看身边 1~3 岁的小孩子，他们的爬、坐、蹲、站的动作，是不是和您所见过的标准姿态如出一辙？人类经过千万年的进化和繁衍，人体的骨骼发育已进化出了一个近乎完美的生物力学结构，"如果所有零件正常运转的话，它们能一直服务到我们寿终正寝，绝没问题"。但为什么身体结构如此完美的我们，却需要常年忍受着如腰、肩、颈、膝等部位的慢性疼痛呢？这些疼痛并不是与生俱来的，而是由我们长期的错误姿态和错误习惯影响产生的"代偿模式"所导致。人身体的适应能力和耐受能力极强，为了满足人们日常生活的多种需要，人体自我衍生出了这套"代偿模式"，即便是骨骼在错误力线的情况下，也能完成搬运、移动重物等动作。事实上，这种"代偿模式"的缺点和它的优点一样多，如在骨骼肌肉所能承受的安全范围内，这种"代偿模式"将人体内部结构和外在表现的配合发挥到极致，可一旦身体外在表现超过了内部结构所能承受的负荷，或造成急性损伤，或长此以往引发慢性疼痛。而慢性疼痛会改变大脑认知，让人体再重新形成和建立一套新的"代偿模式"，用于规避疼痛，这种"代偿模式"周而复始地迭代，最终只会让身体坠入一个由慢性疼痛引发的错误闭环。

年轻的时候，我们的椎间盘充满了水分和弹性，可以任您使用，但随着年龄的增长，关节会由于长期错误的动作模式出现退行性形变，影响我们随后的生活质量。

第一节　练习前的静态身体姿态评估

下面这两张照片（图3-1），看着是不是很眼熟，是不是有一种看到了自己的感觉？左边，像不像那个中午休息时窝在工位上打游戏的自己？右边，像不像在等公交和等地铁时刷微博、微信，追剧的自己？

图3-1　生活中常见的错误姿态

长时间让脊柱的受力处于和正常生理弯曲相反的方向，久而久之就会出现强直或反弓的颈椎、过度屈曲的胸椎和丧失曲度的腰椎。如何发现和确定此刻的自己身体姿态是否正确呢？那就和我一起，开启对身体的静态评估吧！

一、评估前的准备

（1）尽量找到一面能够看到全身的镜子，家里洗手间那种只有一半的化妆镜无法帮助您更好地评估自己的整个身体。

（2）尽量穿着内衣、内裤或贴身的衣服和裤子。

（3）长发的女性请将头发束起。

（4）按照平时最习惯的站姿进行站立，完全放松站立，不需要在意脚是并拢还是分开。

二、评估的步骤

一个全面的身体姿态评估，应该评价身体的三个面：正面、侧面和背面。但如果评估者是独自一人的话，只能对身体进行正面和侧面的评估，背面的评估很难独自完成。当评估者是独自一人或没有全身镜的时候，也可以找好朋友给自己的正面、侧面和背面各拍一张照片，打印出来后，通过画线或者画方格的方式来对身体形态的对称程度进行评估（图3-2）。评估的具体方法如下。

图3-2　利用画方格的方法对身体形态进行静态评估的范例（身体背面）

（一）身体正面的评估

（1）身体的重量是否平均分布在双脚上（双脚可以各踩一个体重秤）。

（2）身体的重心是否偏重于某一侧。

（3）头部是否处于身体的正中位。

（4）双侧肩膀的高度是否一致。

（5）身体双侧肌肉隆起的形态是否一致。

（6）骨盆是否处于身体的正中位。

（7）双膝内侧距离身体中线的距离是否一致。

（二）身体背面的评估

（1）头部是否处于身体的正中位。

（2）双侧肩膀到胸椎的距离是否一致。

（3）双侧股骨大转子距离身体中线的距离是否一致。

（4）双侧股骨大转子距离地面的高度是否一致。

（5）尾骨是否处于身体的正中位。

（6）双侧外踝距离地面的高度是否一致。

（7）双侧内踝距离地面的高度是否一致。

（三）身体侧面的评估

从躯干中间的位置垂直向下画一条刚好和地面垂直的直线（图3-3）。

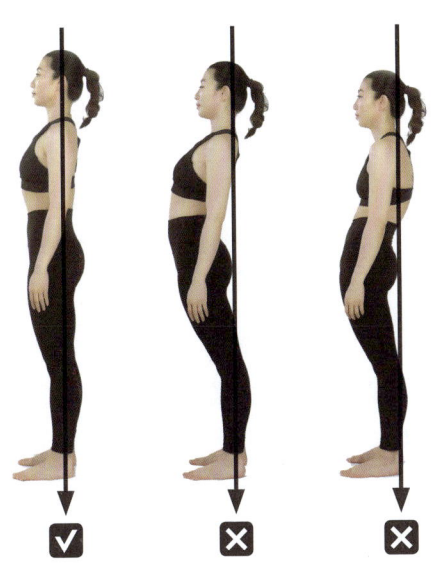

图3-3 身体侧面自评结果的对比图

（1）耳垂是否刚好在垂线上。

（2）肩峰的中间是否刚好在垂线上。

（3）腰椎是否刚好在垂线上。

（4）股骨大转子是否刚好在垂线上。

（5）膝关节中间略偏前的位置是否刚好在垂线上。

（6）外侧踝关节略偏前的位置是否刚好在垂线上。

身体评估其实是一项相对烦琐的技术工作，只是通过简单的自评难以非常全面地了解自身的排列和不平衡情况。但是，通过以上简单的评估，您至少应当知道：什么样的姿势是正确的？什么样的姿势是错误的？身体的什么位置需要进行纠正和强化训练？身体的什么位置需要肯定和继续保持？这个就是我们进行身体姿态自评的意义。很多人受到长期错误姿势的影响，已经不知道什么是正确的姿态，那就在此刻给自己进行一次身体评估吧！

第二节　正确呼吸模式的建立与练习

在正式练习动作之前，先要练习呼吸。呼吸是人体内外环境之间进行气体交换的必要过程，人体通过呼吸而吸进氧气、呼出二氧化碳，从而维持正常的生理功能。经常有练习者、产妇或者肩颈慢性疼痛的患者问：为什么要学习呼吸？来锻炼的练习者说："我想减肥，我想多出汗，呼吸练习不会让我的心率有什么变化，我觉得练习呼吸就是在浪费我的时间！"来进行产后修复的"宝妈"说："为什么要练习呼吸，我长这么大难道还不会喘气吗？"来进行慢性疼痛康复和物理治疗的患者说："我颈椎疼，又不是腰疼，练什么呼吸啊？"这些是医疗、康复和训练一线的工作者被问及最多的问题。可事实就是——喘气和呼吸还真就不是一回事儿。

一个成年人，每分钟呼吸12~20次，全天呼吸17 000~29 000次。多么惊人的数字啊！您是否曾想过，如果您的呼吸模式是错误的，那这一天上万次的错误呼吸会给您带来怎样的结果？

在我们身体内部结构中，膈肌和盆底肌的位置为一上一下，刚好与我们的腹横肌、腹直肌、腹内斜肌、腹外斜肌以及多裂肌形成了一个类似于圆筒的核心区域。

吸气时，膈肌与盆底肌像汽车的活塞一样同时向下运动，膈肌向心收缩，盆底肌离心收缩；吐气时，膈肌和盆底肌同时向上还原。膈肌与盆底肌在呼吸时能否良好配合并协同工作，将决定我们是否能建立良好的腹内压，养成正确的呼吸模式。

膈肌与盆底肌良好协同工作的前提是空间位置的对位、对线，二者相互平行才能像活塞一样工作。而二者空间位置的优劣与否和脊柱所处的形态、位置息息相关。胸椎、腰椎以及骨盆的位置，对维持膈肌与盆底肌的协同工作尤为重要。不良的脊柱位置会导致膈肌与盆底肌的功能障碍，反之，存在功能障碍的二者也会影响脊柱的生理弯曲，造成不同节段椎间盘压力的分布不均，埋下运动损伤的风险。

可以想象，当您窝在沙发里看电视的时候、当您驼着背坐在电脑前码字的时候、当您低着头看手机的时候，原本可以上下协同移动的膈肌、盆底肌、腹壁肌肉，由于空间位置变化导致的部分肌肉被动缩短、部分肌肉被动拉长，肌肉收缩的初长度遭到破坏，肌肉变得无法轻松地向心收缩和离心收缩。但此时，呼吸还在继续，而"主力队员"由于遭到了限制，展现出了"心有余而力不足"的势态，作为辅助呼吸肌的胸锁乳突肌、斜角肌、斜方肌就不得不登场了。原本，像胸锁乳突肌、斜角肌等肌群中的"板凳队员"通常都是在人体进行剧烈运动时，因通气需求量突然增大才会被"叫起来"进行辅佐的工作，但当代人的身体长期处于错误模式之下，这些原本只是做辅助工作的肌群不得不拼命地进行错误代偿，以保证人体的正常运转。久而久之，长时间超负荷的动作，也终有坚持不下去的那一天，这也就成为慢性疼痛或者损伤"登场"的好机会。

一、正确呼吸模式的建立

呼吸就像我们身边最熟悉的陌生人，在不知道呼吸也需要训练之前，很多人察觉不到自己的呼吸模式是否正确。就好像，当您和一个人说："吸气时，肚脐应该是向外隆起扩张；吐气时，肚脐应向贴靠脊柱的方向内收。"可很多人跟着这个要领进行尝试的时候就会发现，吸气的时候经常是胸腔部分可以向外向上扩张，而肚脐是向脊柱方向内收的。无论教练怎么强调吸气时要让肚脐远离脊柱，想象自己的腹腔部位先充满空气，练习者都很难迅速地准确完成。但如果足够细心的话，你会发现熟睡的人都是用这个方法进行呼吸的。因此，腹式呼吸其实是一个在我们潜意识中早就安装好的"程序"，而我们需要做的就是激活和唤醒这种早已存在的"程序"。

通常学习呼吸的过程分为四个阶段。第一个阶段为"不知道不知"，即人们并没有意识到自己一直在使用错误的呼吸模式，或者说是根本不知道自己在不同生活情境下所采用的呼吸模式是错误的。第二个阶段为"知道不知道",当人们意识到呼吸竟然也是要进行专门的学习时,才能够正视自己的呼吸问题,才能分辨清原来正确的呼吸和"喘气"不是一回事儿。第三个阶段为"知道做不到",在意识到自己的呼吸有可能存在问题之后,发现理论上似乎已经知道什么是正确的呼吸模式,却无法控制自己的身体,让身体在不同呼吸模式下自由切换。自此,学习才正式开始,从感性认识慢慢过渡到理性实践。第四个阶段为"不知道知道",当正确的呼吸程序被完全激活,变得自然而然,不需要我们再进行刻意训练的时候,正确且有效的呼吸才得以正式建立。

二、呼吸模式的训练

(一)腹式呼吸训练

腹式呼吸是要学习的第一个呼吸动作,可以平躺在瑜伽垫上,有两种自我练习方式可以选择。

训练方法一:将一只手放在胸骨上,另一只手放在肚脐处,呼吸时让两只手跟随身体的运动而运动,既不要给身体施加任何阻力,也无须给身体任何额外的引导,让身体的一切动作都自然而然地发生。吸气时,感觉放在肚脐处的手先向上运动,而后是放在胸骨的手再微微向上随动。吐气时,肚脐慢慢向脊柱方向内收、下沉。胸腔则是微微随动,运动幅度相对较小。

训练方法二:仰卧,双手轻轻扶住骨盆的两侧(图3-4),可以摸到骨盆上方有两个极为突出的骨头,这就是髂前上棘,将四个手指轻轻搭在髂前上棘的内侧。吸气时,感觉四个手指位置的皮肤向上隆起扩张;吐气时,感觉肌肉向心收缩,指尖所接触到的位置有肌肉隆起。继续吐气,将空气像挤牙膏那样,从身体的底部一点点排出体外,搭在髂前上棘内侧的手指将会感觉到更明显的肌肉收缩。

图3-4 腹式呼吸训练方法

（二）横向呼吸训练

横向呼吸也叫侧式呼吸，都是源于"lateral breathing"的不同翻译。横向呼吸是普拉提中常用的呼吸方式，其与腹式呼吸最大的不同就是腹部的运动幅度。横向呼吸过程中，腹部始终处于向内收紧的状态。吸气时，胸腔向两侧扩张，双侧肋骨横向运动；吐气时，双侧肋骨向内向下收缩。此时可以将胸腔想象成一个漏斗，随着吐气，漏斗的口不断缩小向下，最终和胸骨一起融到骨盆中。

在进行横向呼吸训练时，可以选择使用毛巾或者伸展带进行辅助（图3-5），增加身体的本体反馈，从而收获更好的训练效果。

起始位　　　　　　　吸气　　　　　　　吐气

图3-5　使用伸展带辅助进行的横向呼吸训练方法

训练方法：将双折伸展带在肋骨下端从后至前围绕，并在体前交叉，双手握住伸展带的两端。吸气时，让伸展带跟随胸腔的扩张而被扩张；吐气时，双臂外旋拉动伸展带，略施加压力，帮助胸腔进行向内、向下的收缩完成吐气。

注意：在进行横向呼吸的过程中，腹部始终处于略向内收紧的状态。使用伸展带帮助胸腔进行内收的压力，可随着训练水平的不断提高而逐渐降低。最终，能够在没有伸展带给予外部阻力的情况下也能完成好横向呼吸。

三、呼吸与运动的关系

说起呼吸与运动的关系，可以说是千丝万缕，也可以说是错综复杂。正确的呼吸有利于脊柱的稳定，有利于四肢的灵活运动，有利于神经—肌肉—骨骼的协调发展。错误的呼吸会引发错误的身体姿态、慢性疼痛和肌肉功能紊乱。以一个简单的动作为例（图3-6），带您感受一下呼吸、运动和稳定的关系。

起始位：仰卧在瑜伽垫上，双臂伸直，手指尖指向天空。

动作1：吐气准备，吸气时双手向头顶方向慢慢伸展，感受胸腔由于手臂的带动，慢慢离开瑜伽垫。吐气时，双臂还原到起始位，胸腔逐渐贴向地面。

动作2：吐气准备，吸气时双手向头顶方向慢慢伸展，感受胸腔由于手臂的带动，慢慢离开瑜伽垫。吐气时，感受肋骨向内、向下收缩，将手臂拉回至起始位。

动作3：吐气准备，吸气时双手向头顶方向慢慢伸展，此时稳定住胸腔的位置，对抗来自手臂伸展的力量，尽可能将胸腔保持在起始位的位置。吐气时，依旧保持胸腔稳定，感受肋骨向内、向下收缩，将手臂拉回至起始位。

图3-6　呼吸、运动和稳定的关系

手臂就是一个动力臂，动作1中的身体几乎没有太大的控制，任由胸腔跟随手臂运动。动作2是为了建立呼吸和身体动作的关系，感受吸气有利于伸展运动，吐气有利于屈曲运动。动作3则是感受胸腔在对抗阻力的情况下尽可能保持稳定，同时核心的稳定也能够增加肩关节的灵活性，肩关节伸展受限的人对此感受将更为明显。

第三节　日常生活中常见错误动作模式的自评与纠正

一、日常生活中常见的错误动作模式

日常生活中的错误姿势，有的您可能早已知道，比如低头打游戏、写作业、跷二郎腿、单肩背包、瘫在沙发上看电视等；但有的或许您始终都没在意过，比如蹲在地上洗衣服、择菜，搬运和推拉重物，捡拾物品，抱起孩子和换尿布等（图3-7）。

图3-7　日常生活中常见的错误动作模式

人体有着精密且机智的一套运行系统，为帮助您完成日常所需的所有动作，身体会产生一定程度的代偿，并不是所有的代偿都对身体有害。代偿若是在安全活动范围之内，其实可以被誉为是"好的代偿"，可一旦脱离安全区域代偿，就危险了。

那我们怎么判断代偿是"好的代偿"还是"危险的代偿"呢？我们要先从外部形态上区分"正确的动作模式"和"错误的动作模式"。

二、正确和错误动作模式的对比

我们以最常见的"搬运重物"为例，从动作外部形态的视角，更为形象地展示一下错误动作模式和正确动作模式的区别（图3-8）。

图3-8 日常生活中常见的错误和正确动作模式对比图

三、日常生活中正确动作模式的强化训练

为什么正确的身体姿态和动作模式要通过特定的训练得来呢？这是因为长期的错误姿势导致身体对正确姿态本体感觉的缺失。错误姿态会导致身体前链、后链和侧链肌肉的失衡，身体各关节的位置逐渐失去曾经无比精准的对位对线，久而久之，神经对肌肉的统治和控制能力也逐渐减弱，最终导致我们难以通过自身的内部调节机制让身体再回归原始状态。这时候，就需要普拉提运动登场，来帮助我们找回曾经的完美结构，这一训练过程更像是手机中的"还原出厂设置"，通过纠正和强化训练，激活正确动作模式在大脑中的痕迹，增强身体各关节、各肌肉的本体感觉，恢复和巩固神经对肌肉的绝对统治地位。通过这样一系列的"战争"，最终将错误的身体姿态和动作模式"消灭"。

正确动作模式的建立，要从脊柱的稳定开始，通过脊柱及其核心区域的稳定，逐渐延伸至四肢关节稳定。提到"核心"一词，想必很多人都会想到"平板支撑"，或是令人向往的"人鱼线""马甲线"。事实上，"核心"的概念既可以是广义的，也可以是狭义的，根据讨论的具体内容或是边界限定，核心所指的范围和功能亦存在差异。它既可以指包括腹直肌、腹横肌、腹内斜肌、腹外斜肌、腰方肌、多裂肌在内的腹部区域，也可以指包括骨盆底肌、臀大肌、臀中肌、阔筋膜张肌、梨状肌等在内的骨盆带区域，还可以指包括膈肌、胸大肌、胸小肌、前锯肌等在内的胸腔、腹腔及骨盆带的整体区域。而在普拉提训练中，其核心稳定更多则是指整个脊柱的稳定，且这种"稳定"并不是指完全保持不动，它是指动态平衡中保持稳定的能力，即当不同方向的外界阻力或自身阻力施加到身体上的时候，身体依旧能够保持关节对位对线稳定的能力。

（一）建立正确动作模式的第一步：寻找脊柱的中立位

"中立位"可以说是普拉提运动的核心概念。无论是去上普拉提课还是去看普拉提相关书籍，"中立位"这个概念绝对会反复出现。那什么是"中立位"呢？简而言之，就是人体骨骼结构在最佳生物力学角度下的对位对线。伴随"中立位"这一概念出现的往往会是"脊柱中立位"或"骨盆中立位"。

"中立位"这一概念不是一成不变的，在不同身体姿势下，"中立位"都会在一定程度内发生一些细小的改变。从人体发育学角度来看，仰卧时的中立位是人体在生长发育过程中最先出现的位置。那么，我们的学习也从这里入手。

1.仰卧姿态下脊柱中立位

仰卧姿态下脊柱中立位的寻找方法（图3-9）：仰卧于瑜伽垫上，双腿屈膝，双脚脚跟对准坐骨，膝关节自然打开。吸气时，骨盆前倾，下腰处空间增加；吐气时，骨盆后倾，下腰处贴紧瑜伽垫。感觉骨盆像一个碗，在骨盆前倾和后倾的转换过程中，试图找到一个位置，能将"一碗水"端平。

图3-9 寻找脊柱在仰卧姿态下的中立位

将手掌放在下腰处感受骨盆和脊柱的关系，脊柱处于中立位时能够在下腰处放下半个手掌或四个手指（图3-10）。记住脊柱这个位置，以便后期在训练时能够时刻检验自己的脊柱是否保持在中立位上。

图3-10 脊柱在仰卧中立位时与骨盆的位置关系

● 自我检查：

(1) 想象坐骨和头顶向相反方向无限延伸，即"中轴延伸"。
(2) 下颌轻微内收，颈脖后侧跟随脊柱向远延伸，避免仰头。
(3) 双肩展开，尽量平贴瑜伽垫的同时向两侧延伸。
(4) 肋骨胸腔放松，肋骨角略向内收。
(5) 骨盆"碗"端平，想象着不要让"碗"里的"水"溢出，即保持骨盆中立位。
(6) 双膝自然分开，大概一拳或一拳半的距离（视个人骨盆宽度而定）。
(7) 双脚脚掌平贴于垫上，脚趾舒展。

2. 四点支撑姿态下脊柱中立位

四点支撑也是普拉提练习中常用的起始姿态。四点支撑位是一个看似安全但隐性危险无数的姿态。因为这个姿态看似简单，支撑面相对较大，可如若姿势不正确，则会引发手腕和膝关节的疼痛。

四点支撑姿态下脊柱中立位的寻找方法（图 3-11）：双手垂直落于双肩正下方，双膝分开与髋同宽，股骨（俗称"大腿"）与地面垂直，枕骨、胸椎、骶骨保持在一条直线上。

图 3-11 寻找脊柱在四点支撑姿态下的中立位

● **自我检查：**

（1）想象坐骨和头顶向相反方向无限延伸，即"中轴延伸"。

（2）手掌与地面接触的压力平均分布于整个手掌，而非手腕。如果无法找到手掌或指跟分担压力的感觉，可能需要考虑手指伸展的灵活性问题。解决办法：① 可先发展手指伸展灵活性，再进行四点支撑训练。② 将瑜伽垫边缘卷起，然后手掌跟压在卷起的瑜伽垫上，通过减少腕关节伸展的角度，降低手腕压力。

（3）手肘避免超伸。

（4）脊柱始终保持在中立位，枕骨、胸椎、骶骨保持在一条直线上，避免塌腰等引起脊柱变形的动作。

（5）肩关节充分向地面方向前伸，肩胛骨向外、向下保持稳定。可以想象身体是一个房屋，后背是房顶，而支撑的上肢和下肢是房屋四角的顶梁柱。

（6）小腿和脚背轻压地面，减缓膝关节的压力。

3. 坐姿下脊柱中立位

坐姿也是普拉提练习中一个常用的起始位。对于刚开始练习的人来说，可能想要在坐姿状态下完全找到脊柱中立位的感觉很难，因为大部分都市人由于长时间久坐和缺少必要的拉伸，其髋关节灵活性受限，很多人在刚开始的时候都感觉自己根本坐不直。如果您也有这种情况，请不要着急，虽然这个情况确实不那么乐观，但也是当代人所要面对的再正常不过的事情。对于练习者来说，不能因为无法做到标准起始位，就放弃对一个动作的练习，为此我们可以在坐骨下方垫上一块或多块瑜伽砖，帮助身体更接近正确的起始位。而随着训练水平不断提高，可以逐渐降低砖的高度，甚至可以直接坐在地上找到自己脊柱的中立位。

坐姿下脊柱中立位的寻找方法（图3-12）：伸直腿或盘坐在瑜伽垫上，脊柱的中心线与地面垂直，感受两个坐骨垂直坐于垫上，枕骨、胸椎、骶骨在一条直线上。双肩展开，双手向伸展方向无限延伸，这一延伸的力量来自于脊柱。如果能够做到以上要求，还可以将双脚勾起，感觉脚跟向远延伸，这一延伸的力量来自于骨盆。

图 3-12 寻找脊柱在坐姿下的中立位

● **自我检查：**

（1）想象坐骨和头顶向相反方向无限延伸，即"中轴延伸"。

（2）枕骨、胸椎、骶骨在一条直线上，即脊柱中立位。

（3）身体看似静止，但内在力量贯穿头顶、坐骨，并从双手指尖、双脚脚跟和脚尖向外延伸。

（二）建立正确动作模式第二步：脊柱在仰卧位的稳定

1. 仰卧异侧伸展

辅具使用： 瑜伽垫。

起始位置： 仰卧位，双腿成桌面体式，双臂伸直放于体侧。

练习步骤（图 3-13）：

（1）吸气，准备，头顶和坐骨向相反方向延伸拉长。

（2）吐气，脊柱稳定，双手慢慢上举至于地面垂直。

（3）吸气，指尖向天空延伸拉长。

（4）吐气，右臂上举，左腿向前伸展，手指尖与脚趾尖充分伸展拉长。

（5）吸气，右臂与左腿还原。

（6）吐气，左臂上举，右腿向前伸展。

（7）吸气，还原到起始位置。

图 3-13 仰卧异侧伸展

练习要点：运动时，始终保持脊柱在中立位的稳定，异侧手脚伸展时特别要关注骨盆的稳定，避免骨盆出现旋转。建议 8~12 次 / 组，2~3 组 / 日。

练习益处：增强脊柱在仰卧位的稳定和抗旋转能力。

2. 仰卧脊柱旋转

辅具使用：瑜伽垫。

起始位置：仰卧位，脊柱中立位，双腿成桌面体式，膝内侧夹瑜伽砖，双臂侧平举，掌心朝上。

练习步骤（图 3-14）：

（1）吸气，准备，头顶和坐骨向相反方向延伸拉长，双臂延伸。

（2）吐气，双膝夹住瑜伽砖，与骨盆一起向右侧扭转。

（3）吸气，骨盆与双腿还原到起始位置。

（4）吐气，反方向重复做。

图3-14　仰卧脊柱旋转

练习要点：在双膝进行扭转的过程中，双腿应始终保持与骨盆的连接。若有瑜伽砖，脊柱在扭转和还原时，双脚分开的距离应与瑜伽砖的厚度始终保持等距。若无瑜伽砖，双膝和双脚在扭转和还原时应始终保持贴紧，不应有任何前后左右的错开。脊柱扭转时，要始终保持肩胛带的稳定，双肩应始终接触瑜伽垫，不应离开。

练习益处：锻炼脊柱的灵活性和稳定性，强化腹斜肌。

3. 单腿桥式

辅具使用：瑜伽垫。

起始位置：脊柱仰卧中立位体式，双腿弯曲，脚跟对准坐骨，双臂放置于体侧，掌心朝下。

练习步骤（图3-15）：

（1）吸气，准备，头顶和坐骨向相反方向延伸拉长，双臂延伸。

（2）吐气，右腿从大腿向上卷起，让小腿平行于地面。

（3）吸气，脊柱延伸。

（4）吐气，从尾骨开始，由骨盆带领脊柱慢慢向上卷动，抬高臀部。

（5）吸气，脊柱延伸。

（6）吐气，从胸口开始，脊柱逐节慢慢卷下，回到起始位置。反方向继续做。

图 3-15　单腿桥式

练习要点：在仰卧起始位脊柱始终保持中立位，在完成单腿桥式的过程中和到达最高点时，既可以使脊柱保持中立位，也可以使骨盆微微后倾，但应避免骨盆出现扭转。脊柱在卷起和落下过程中，尽可能逐节进行。建议单侧做 6~8 次 / 组，2 组 / 日。

练习益处：提升脊柱灵活性，增强臀部肌肉、大腿后侧腘绳肌力量，提高脊柱和骨盆的抗旋稳定能力。

错误提示：在双腿或单腿桥式的训练中，保持脊柱的灵活与稳定至关重要。无论是双腿桥式还是单腿桥式，骨盆保持在中立位或略后倾的位置，不会让腰椎产生过多压力。很多人在做完桥式练习之后，腰酸或是感觉不到臀部发力，可能就是一个信号，要关注一下髋关节前侧，是否因肌肉张力太大导致髋前侧无法伸展。若是此原因导致无法正确完成动作，则应先进行髋关节前侧和大腿前侧的拉伸，而后再进行该动作练习。

（三）建立正确动作模式第三步：脊柱在四点支撑位的稳定

1. 支撑稳定训练

辅具使用：瑜伽垫。

起始位置：四点支撑，脊柱保持中立位。

练习步骤（图3-16）：

图3-16 支撑稳定训练

（1）吸气，准备，四点支撑，头顶和坐骨向相反方向伸展拉长。

（2）吐气，右臂沿耳侧向前伸展。

（3）吸气，右臂还原至起始位，脊柱中轴延伸。

（4）吐气，左臂沿耳侧向前伸展。

（5）吸气，左臂还原至起始位，脊柱中轴延伸。

（6）吐气，右脚引领右腿沿地面向后伸展，脊柱保持稳定。

（7）吸气，右腿还原至起始位。反方向继续做。

练习要点：运动中，脊柱始终在中立位保持稳定，特别是单侧手臂或单侧腿进行伸展时，更要保持肩关节和骨盆的稳定。

练习益处：强化脊柱在四点支撑位的抗旋稳定能力。

2. 进阶训练：四点支撑位异侧伸展

通过前面的基础练习，此刻可以给身体一个更大的挑战。四点支撑训练可以从单手、单腿的训练，进阶到单腿和异侧手脚同时离开地面。

练习步骤（图 3-17）：

单手单腿训练

进阶训练

图 3-17　四点支撑位异侧伸展训练

（1）吸气，准备，四点支撑，头顶和坐骨向相反方向伸展拉长。

（2）吐气，右臂和左腿沿地面分别向前、向后伸展，脊柱在中立位保持稳定。

（3）吸气，右臂和左腿还原至起始位，脊柱中轴延伸。

（4）吐气，反方向继续做。

3. 前支撑训练

辅具使用：瑜伽垫。

起始位置：四点支撑，脊柱保持中立位。

练习步骤（图 3-18）：

图 3-18 前支撑训练

（1）吸气，准备，四点支撑，头顶和坐骨向相反方向伸展拉长。

（2）吐气，右脚引领右腿沿地面向后伸展，脊柱保持稳定。

（3）吸气，脊柱中轴延伸。

（4）吐气，左脚引领左腿沿地面向后伸展，脊柱保持稳定，身体成直臂支撑的平板式。

（5）吸气，右腿沿地面还原至起始位置。

（6）吐气，左腿沿地面还原至起始位置。

练习要点：在动作过程中，脊柱始终保持中立位，枕骨、胸椎、骶骨始终保持在一条直线上，脊柱始终保持中轴延伸。手掌、小腿和脚背应帮助手腕和膝关节分担支撑地面的压力。两个手肘不要超伸。

练习益处：提升上肢力量，强化肩胛稳定能力。

（四）建立正确动作模式第四步：脊柱在不稳定平衡中的稳定

1. "死虫"式（普拉提球系列）

辅具使用：瑜伽垫、普拉提球。

起始位置：仰卧，脊柱保持中立位，将普拉提球放置于骨盆下方，大腿与身体成 90 度，小腿与大腿成 90 度，双臂放置于身体两侧，掌心向下或向上均可。

练习步骤（图 3-19）：

图 3-19 "死虫"式（普拉提球系列）

（1）吸气，准备，头顶和坐骨向相反方向延伸拉长。

（2）吐气，脊柱稳定，右腿从大腿根部开始启动向下，右脚脚尖轻触地面。

（3）吸气，右腿还原到起始位置。

（4）吐气，反方向继续做。

练习要点：运动时，始终保持脊柱在中立位的稳定，单侧髋向前伸展时要特别关注骨盆在不稳定平衡中的稳定，避免骨盆出现旋转。建议 8~12 次/组，2~3 组/日。

练习益处：增强脊柱在仰卧位的不稳定平衡中的稳定能力，以及骨盆的抗旋转能力。

2. 仰卧单腿伸展（普拉提球系列）

辅具使用： 瑜伽垫、普拉提球。

起始位置： 仰卧，脊柱保持中立位，将普拉提球放置于骨盆下方，双腿并拢伸直，脚趾尖指向天空。双臂放置于身体两侧，掌心向下或向上均可（掌心向上为加难训练）。

练习步骤（图 3-20）：

图 3-20　仰卧单腿伸展（普拉提球系列）

（1）吸气，准备，头顶和坐骨向相反方向延伸拉长。

（2）吐气，脊柱稳定，右腿从大腿根部开始启动，跟随脚趾尖的引领向下，直至与地面水平。

（3）吸气，右腿还原到起始位置。

（4）吐气，反方向继续做。

练习要点： 运动时，始终保持脊柱在中立位稳定，单腿向前伸展时要特别关注骨盆在不稳定平衡中的稳定，避免骨盆出现旋转。建议 8~12 次/组，2~3 组/日。

练习益处： 增强脊柱在仰卧位的不稳定平衡中的稳定能力，强化骨盆和腰椎抗旋的稳定能力。

3. "蹬自行车"（普拉提球系列）

辅具使用： 瑜伽垫、普拉提球。

起始位置： 仰卧，脊柱保持中立位，将普拉提球放置于骨盆下方，大腿与身体呈 90 度，小腿与大腿呈 90 度，双臂放置于身体两侧，掌心向下或向上均可。

练习步骤（图 3-21）：

图 3-21 "蹬自行车"（普拉提球系列）

（1）吸气，准备，头顶和坐骨向相反方向延伸拉长。

（2）吐气，保持脊柱稳定，右腿前伸蹬直勾脚尖的同时，左腿屈膝角度增加，腹向运动程度更大，左脚绷脚尖。

（3）吸气，右腿屈膝回收的同时绷脚尖，左腿向前上方蹬直的同时勾脚尖，双腿交换位置。

（4）吐气，左腿前伸蹬直勾脚尖，右腿屈膝回收绷脚尖。跟随呼吸继续完成 10~12 次交替。

练习要点： 注意动作与呼吸的配合，勾脚尖与绷脚尖动作在双腿交替中要协调和准确。

练习益处： 强化屈髋肌与伸髋肌，提高髋关节灵活性，强化骨盆和腰椎抗旋的稳定能力。

（五）建立正确动作模式第五步：脊柱逐节运动的稳定控制

1. 坐姿脊柱卷下

辅具使用：瑜伽垫。

起始位置：坐姿，脊柱保持中立位，双腿伸直勾脚尖，脚跟向前延伸，双臂胸前水平前举。

练习步骤（图 3-22）：

图 3-22 坐姿脊柱卷下

（1）吸气，准备，头顶和坐骨向相反方向延伸拉长。

（2）吐气，从骨盆开始启动，骨盆后倾，让脊柱在保持伸展拉长的条件下逐节向下卷。

（3）吸气，双手举过头，大拇指轻触地面。

（4）吐气，双臂还原至与地面垂直的位置。

练习要点：躯干在向下卷动时，尽可能保持匀速，核心时刻保持收紧，腹直肌离心收缩。脊柱长度应保持不变，并在动作全过程中始终保持延长和伸展。

练习益处：强化腹肌，增强脊柱逐节运动的控制能力。

2. 脊柱仰卧卷起

辅具使用：瑜伽垫。

起始位置：仰卧，脊柱保持中立位，双臂在胸前伸展且与地面垂直，手指尖指向天空，力到指尖。

练习步骤（图 3-23）：

图 3-23 脊柱仰卧卷起

（1）吸气，双手举过头，大拇指轻触地面。

（2）吐气，双臂还原至与地面垂直的位置。

（3）吸气，头顶和脚尖向相反方向拉长，感觉整个身体始终向无限远的方向延展。

（4）吐气，手指尖带领身体从头部开始，向上逐节卷起。

（5）吸气，脊柱在坐姿中立位，头顶和坐骨向相反方向延伸拉长。

（6）吐气，手指尖带领身体从头部开始向前卷动，骨盆保持不动，勾脚尖。

练习要点：双臂向上伸展举过头顶时，注意肋骨不要外翻。躯干向上卷起时，脊柱长度应保持不变，并在动作全过程中始终保持延长和伸展。注意头部的位置，不应为了完成卷起动作而过度屈曲。

练习益处：强化腹肌力量，训练核心控制与脊柱逐节运动能力，提高腘绳肌的柔韧性。

3. 脊柱反向卷动

辅具使用：瑜伽垫。

起始位置：仰卧，脊柱保持中立位，双腿并拢伸直并与地面呈 60 度。双臂放置于身体两侧，掌心向下。

练习步骤（图 3-24）：

图 3-24 脊柱反向卷动

（1）吐气，准备。

（2）吸气，双腿上举至与地面呈 90 度，双腿与地面垂直。

（3）吐气，双腿分开，脊柱反向逐节卷动至肩胛骨上缘，双腿与地面平行。

（4）吸气，脊柱保持长 C 形伸展，坐骨向天空方向伸展。

（5）吐气，脊柱逐节卷回至起始位。

练习要点：脊柱在反向卷动的过程中，应始终保持延长和伸展。卷动的幅度根据自身情况量力而行，特别是接近末端时，切忌不可过度压迫颈椎。该动作有一定风险，练习者在练习时应高度集中注意力。

练习益处：强化下腹力量，增强脊柱逐节运动能力，伸展下背部和腘绳肌。

第四章
常见慢性损伤和疼痛的家庭自我康复练习

第一节　腰痛的家庭自我康复练习

说到腰痛，很多人会首先联想到自己，想想自己目前是否正在经历腰痛，上次腰痛是什么时候，有些人已经慢慢习惯自己的腰痛。在这里，首先跟大家澄清的是，腰痛如果不能得到正确有效的干预和治疗，拖得越久会让您越敏感，感觉更痛。腰痛在现代社会中发病率较高，文献综述显示，下腰痛的1年首次发病率在6.3%~15.3%，而1年全部发病率为1.5%~36%，复发率为24%~33%。下腰痛不仅仅在中国盛行，在全世界范围内也是活动受限和工作缺勤的重要原因。对于肌肉酸痛、紧张、不适，我们最常用的方式就是洗个热水澡，休息或者是去做个按摩来放松一下。中医的针灸和拔罐也受到大家欢迎，尤其是在中老年人群中，接受度较高。

目前，腰痛按照世界卫生组织（WHO）的国际功能、残疾和健康分类（ICF）大致可分为：①急性活动度不足的下腰痛；②亚急性活动不足的下腰痛；③动作协调受损的急性下腰痛；④亚急性和慢性下腰痛伴运动协调性受损；⑤急性下腰痛伴下肢牵涉痛；⑥急性下腰痛伴放射痛；⑦亚急性和慢性下腰痛伴放射痛；⑧急性或亚急性的下腰痛伴相关认知或情感倾向；⑨慢性下腰痛伴相关的全身疼痛，其中有些下腰痛是我们自己能干预并且能缓解的，例如分类中的①~④；有些需要立即就医，得到医生的诊断和干预，例如⑤~⑨。在解决这些肌肉、骨骼、筋膜、韧带以及神经疼痛方面，没有百试百灵的技术，因此，减轻、治愈肌肉酸痛，且降低其复发率，是一项多任务同时开展并且执行的综合任务。

下面给大家介绍一下腰部的基础知识，从解剖开始，逐步让大家了解自己的腰背部，并认识其疼痛的原因。

我们的脊柱可以分为4段：7节颈椎，前凸；12节胸椎，后凸；5节腰椎，前凸；骶骨和尾骨。我们的脊柱可在 3 个平面上活动：在矢状面上可前屈后伸，在额状面上可左右侧屈，在水平面上可左右旋转（图 4-1）。人类的脊柱本来就能活动，我们也经常通过各种脊柱的抗阻活动来增强脊柱周围的肌肉，但脊柱只有在中立位时才最强壮，且最具有支撑力和缓冲力。

伸展　　　　　　　　　　　　　　　屈曲

侧屈　　　　　　　　　　　　　　　旋转

图 4-1　脊柱运动方向图

一、关于腰痛的常见名词

（一）腰椎间盘突出

相信大家对腰椎间盘突出一定不陌生。这种损伤是由于上下两节椎体间的椎间盘向周围突出，突出物压迫了腰椎神经导致了腰部疼痛（图 4-2）。腰椎间盘突出带来的疼痛一般分为两类，即慢性疼痛和急性疼痛。慢性疼痛多与不良姿势有关，例如错误的坐姿、站姿，

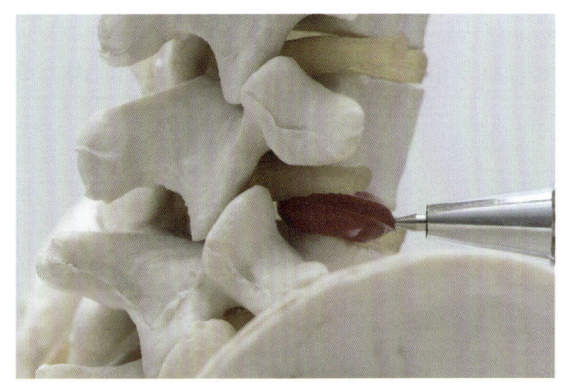

图 4-2　腰椎间盘突出

搬运东西、产妇喂奶、抱孩子等。慢性疼痛可以通过纠正错误姿势、改良动作模式来缓解，最后慢慢达到无痛。急性疼痛多与脊柱大幅度前弯或高强度负重有关。如果您目前正处在腰椎间盘突出的急性期，请避免做出脊柱大角度前弯、侧弯、扭转及仰卧位的直腿抬高、拿重物等动作，否则会加重症状。

（二）腰椎间盘退行性病变

这个名词通常会出现在影像学报告上，但这并不代表它是您目前腰痛最主要的原因。随着年龄增长，椎间盘的水分、弹性自然会减少，这是自然规律，但并不是每个人随着年龄增长都必然会出现腰痛。腰痛在青少年中也很常见，这与青少年生活方式中的久坐有很大关系。

（三）肌肉劳损

当您因为腰部的慢性疼痛去医院就诊的时候，骨科医生经常会给出"肌肉劳损"这个诊断。一部分医生会转诊给物理治疗师，由物理治疗师引导您做具体的治疗；一部分医生可能会为您开些止疼药，并嘱咐您回家多休息。对于骨科医生来说，您只是他们工作中非常轻的患者，而且也不需要手术。本书正好会给您具体的指导，帮助您缓解腰痛，最终恢复到无痛生活。

二、缓解腰痛的练习

对腰痛的综合管理通常要从以下三个方面入手：

（1）姿势的自我评估与管理。我们要先学会使用正确的站姿、坐姿、体位转移、拿重物等，减少并解除疼痛的来源。

（2）扳机点的自我放松。扳机点也就是我们常说的痛点。后文会为大家详细介绍具体的放松方法。

（3）运动疗法。后文会为大家介绍一些简单易行的方法，在家就能轻松锻炼腰背肌及相关的其他肌肉，激活并增加肌肉力量，增强腰椎稳定性。

（一）腰部扳机点放松

辅具使用：筋膜球或者网球、瑜伽垫。

起始体位：仰卧位。

练习要点：两侧手肘支撑于瑜伽垫上或置于头后，将筋膜球或网球放置于腰部疼痛位置，停留 60~90 秒，保持均匀呼吸（图 4-3）。可通过双手肘来控制负重比例，调节适合自己的力度。

手肘撑于瑜伽垫上

双手置于头后

图 4-3　腰部扳机点放松

（二）简单易学的缓解腰痛练习

下面开始为大家介绍一些简单易学的练习，赶快和我们一起动起来吧！

1. 翻书打开

辅具使用：瑜伽垫、半圆泡沫轴或瑜伽砖。

起始位置：侧卧位，屈膝，手臂向前方伸直，与肩同高。

练习步骤（图4-4）：

图 4-4 翻书打开

（1）吸气，胸腔饱满。

（2）吐气，右侧手掌打开指向天花板方向。

（3）吸气，手向地板方向延伸逐渐完全打开。

（4）吐气，沿刚才的运动轨迹回到起始位置。

练习要点：在运动中，小腹一直保持在起始位置，下方腰线尽量离开垫子。建议6~8次/组，2组/日。

练习益处：此动作可增强腰部稳定性，增强胸椎灵活性。

2. 桥式

辅具使用： 瑜伽垫。

起始位置： 仰卧位，屈膝，保持双脚掌、双膝之间与骨盆同宽。骨盆处于中立位，双手掌位于身体两侧，手掌向下或向上均可。

练习步骤（图4-5）：

图4-5 桥式

（1）吸气，双肩打开。
（2）吐气，从尾骨开始向上卷动，带领脊柱慢慢卷起，抬高臀部。
（3）吸气，脊柱延伸。
（4）吐气，从胸口开始，脊柱慢慢落下，回到起始位置。

练习要点： 在运动中，脊柱逐节卷起和落下。建议6~8次/组，2组/日。

练习益处： 增强脊柱灵活性，增强背部肌肉、臀部肌肉、大腿后侧腘绳肌力量。

如果该体式完成得较好，可尝试增加难度，如在脊柱下放置半圆泡沫滚轴，挑战身体稳定性和平衡能力。

3. "死虫"式

辅具使用：瑜伽垫。

起始位置：仰卧位，屈膝，双膝之间保持与骨盆同宽。骨盆处于中立位，双手掌位于身体两侧，手掌向下或向上均可。

练习步骤（图4-6）：

图4-6 "死虫"式

（1）吸气，从大腿根向上卷起，让小腿平行于地面。
（2）吐气，轻轻落下，回到起始位置。
（3）吸气，另一侧大腿根向上卷起，让小腿平行于地面。
（4）吐气，轻轻落下，回到起始位置。

练习要点：在运动中，躯干保持稳定，减少晃动，如果不能控制躯干稳定，减少腿部运动幅度。建议6~8次/组，2组/日。

练习益处：增强髋关节的分离运动，增强腹部肌肉及躯干控制能力。

如果该体式已经完成得较好，可尝试增加难度，如在脊柱下放置半圆泡沫滚轴，挑战身体稳定性和平衡能力。

4. 婴儿式

辅具使用： 瑜伽垫。

起始位置： 俯卧位。

练习步骤（图4-7）：

图 4-7 · 婴儿式

臀部落座于足跟，双膝分开，指尖向前延伸或者手臂置于身体两侧。也可同时把手挪向身体一侧，加强对侧肋间和腋窝的牵拉。额头轻触垫子。

练习益处： 很好的休息体式，可放松精神和肌肉。

5. 俯卧撑起

辅具使用： 瑜伽垫。

起始位置： 俯卧位，双手位于胸部两侧。

练习步骤（图 4-8）：

图 4-8　俯卧撑起

（1）吸气，头顶和尾部向相反方向延伸拉长。

（2）吐气，双手向下推动地板，上臂贴近身体，从头顶开始慢慢延伸抬起。手肘不需要完全伸直。

（3）吸气，从胸部开始慢慢落回，逐步回到起始位置。

练习要点： 进行该运动时腿部保持延伸拉长，从头顶到腰部保持平滑的曲线，切忌将压力集中于腰部。建议 6~8 次/组，2 组/日。

练习益处： 增强颈部、背部及腰部力量。

6. 飞镖式

辅具使用： 瑜伽垫。

起始位置： 俯卧位，双手位于胸部两侧。

练习步骤（图4-9）：

图4-9 飞镖式

（1）吸气，准备，头顶和尾部向相反方向延伸拉长。

（2）吐气，躯干和下肢向天花板抬起，双手臂伸直，手掌向上，有节奏地向上拍打。可配合有节奏的呼吸，每次呼吸时手臂向上拍打。

练习要点： 进行该运动时头顶和脚尖向相反方向拉长，从头顶到腰部保持平滑的曲线，切忌将压力集中于腰部。

练习益处： 增强背部、腰部、肱三头肌力量。

7. 站立位手臂运动

辅具使用：瑜伽垫、弹力绳，弹力绳从中间固定于某处。

起始位置：站立位，脊柱保持中立位，双手置于身体两侧，握住弹力绳把手。

练习步骤（图4-10）：

图4-10 站立位手臂运动

（1）吸气，脊柱延伸，手肘保持伸直。

（2）吐气，双手同时向后拉动弹力绳到最大范围。我们也可通过改变手臂运动来锻炼到不同的肌肉。

（3）吸气，脊柱延伸。

（4）吐气，一手向天花板方向，一手向地板方向拉动弹力绳。

（5）吸气，脊柱延伸，屈肘与肩同高。

（6）吐气，保持手肘水平高度向外扩胸，拉动弹力绳。

练习要点：拉动弹力绳时身体尽量保持稳定，不要晃动。可通过弹力绳的磅数调节阻力，也可通过距离固定端远近来调节阻力。建议 6~8 次/组，2 组/日。

练习益处：增强躯干稳定性，增强上臂肱三头肌、背部肌肉力量，提高肩胛带稳定性。

第二节 颈痛的家庭自我康复计划

颈痛和颈痛带来的活动障碍在日常生活中很常见。据统计，22%~70% 的人都曾有过颈痛的问题，而且颈痛患者中 54% 的人疼痛持续长达 6 个月。

一、颈痛的分类

因为颈部和肩胛带位置靠近，相互连接，彼此影响。在目前美国物理治疗协会（American Physical Therapy Association，APTA）发布的颈痛康复指南中，医学专家们对颈痛做出以下分类：①颈痛伴活动受限；②颈痛伴活动协调障碍；③颈痛伴头痛；④颈痛伴放射痛。如果目前您只是出现颈痛伴活动受限或活动协调障碍，可尝试按下面的方法，自己在家缓解和治疗疼痛，改善颈部的活动。如果已经明显地出现头痛或上肢的放射痛，请及时就医。

二、缓解颈痛的练习

颈痛的管理需要从多方面入手：

（1）姿势管理。错误的姿势通常是颈痛的元凶之一。随着电子产品使用频率和时长的大幅度增加，以及错误的驾车习惯等，人体颈椎的负担越来越大，有颈痛困扰的人数也快速增加。因此，改变错误姿势是缓解颈痛的方法之一。

（2）扳机点的自我放松。扳机点也就是常说的痛点。后面会为大家详细介绍颈部扳机点的放松方法。

（3）运动疗法。我们会为大家介绍一些简单易行的方法，在家就能轻松锻炼颈肌及相关的其他肌肉，激活并增加肌肉力量，加强颈椎稳定性。

（一）颈部扳机点放松

辅具使用：筋膜球或者网球、瑜伽垫。
起始位置：仰卧位。
练习步骤（图4-11）：

图4-11 颈肩部扳机点放松

将筋膜球或网球放置于颈部或肩部疼痛位置，停留60~90秒，保持均匀呼吸。可通过侧卧倾斜的角度来调整肌肉承受的压力。

（二）简单易学的缓解颈痛练习

1. 颈部肌肉拉伸

辅具使用：椅子。

起始位置：坐位，左手位于右侧耳朵，右手扶住椅子边缘，反之，交换手的位置。

练习步骤（图 4-12）：

图 4-12 颈部肌肉拉伸

（1）吸气，头顶向上延伸。

（2）吐气，左手向左侧轻轻按压头部，感觉右侧颈部有拉伸感即可。稍作停留，保持 10 秒，换另一侧继续做。

（3）吸气，头顶向天花板延伸。

（4）吐气，右手向右侧轻轻按压头部，感觉左侧颈部有拉伸感即可。稍作停留，保持 10 秒。

练习要点：头部先延伸拉长，再做侧屈。

练习益处：拉伸和放松紧张的斜方肌。

2. 颈部伸肌激活练习

辅具使用：椅子或无须道具。

起始位置：坐位，十指交叉置于头后，双手拇指托住头部。

练习步骤（图 4-13）：

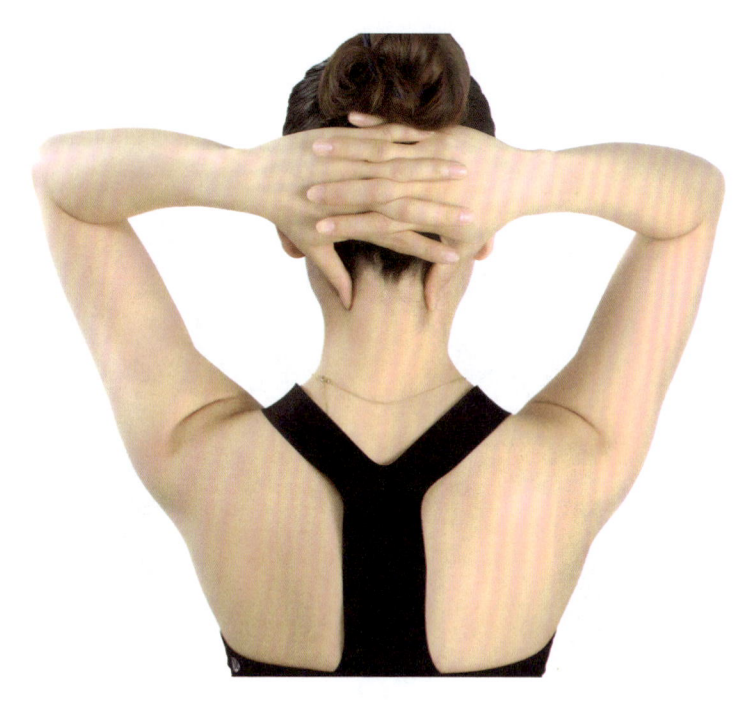

图 4-13　颈部伸肌激活练习

（1）吸气，头顶向天花板延伸。

（2）吐气，头和手做对抗练习，头轻推手，手轻推头。

练习要点：头部先延伸拉长，双肩下沉，再做向后对抗，感觉要推出双下巴。建议 6~8 次 / 组，2 组 / 日。

练习益处：增强颈部伸肌力量，改善头前引和颈部疼痛。

3. 俯卧撑起

辅具使用： 瑜伽垫。

起始位置： 俯卧位，双手位于胸部两侧。

练习步骤（图4-14）：

图 4-14 俯卧撑起

（1）吸气，头顶和脚部向相反方向延伸拉长。

（2）吐气，双手向下推动地板，上臂贴近身体，从头顶开始慢慢延伸抬起。手肘不需要完全伸直。

（3）吸气，从胸部开始慢慢落回，逐步回到起始位置。

练习要点： 腿部保持延伸拉长，从头顶到腰部保持平滑的曲线，切忌将压力集中于腰部。建议6~8次/组，2组/日。

练习益处： 增强颈部、背部及腰部力量。

第三节　肩周炎的家庭自我康复练习

肩周炎也称为五十肩、冻结肩，常见于 40~65 岁的中年人，女性居多，尤其是糖尿病患者或甲状腺功能异常的人群患病风险更高。

一、肩周炎的症状及病理

肩周炎的整个病程可分为四期：一期通常在疼痛刚出现至 3 个月，患者经常会觉得在运动终末端出现尖锐的疼痛，并影响夜间睡眠，此时通常还未伴随有关节的粘连或挛缩。二期出现于患病后的 3~9 个月，此时患侧肩关节运动范围因为疼痛继续减小。三期为患病后 9~15 个月，肩关节已"冻住"，运动范围降到最低，通常伴有关节粘连。四期为患病后 15~24 个月，此时冻结的肩关节逐渐解冻，疼痛缓解，但肩部僵硬可能还会持续一段时间。

肩周炎的病程通常会持续 12~18 个月，其间多伴随肩部的轻度至中度疼痛，尤其在夜间疼痛加重，并伴随有肩部的活动受限，主要表现为肩部前屈、外旋受限。在日常生活中，患者主要表现为够取物品、梳头、扣内衣扣、淋浴时洗后背、穿脱衣服等不便，甚至不能完成。病程结束后很少有患者会留下残疾。

如果您在家中感觉到肩部运动受限，且出现持续的疼痛，特别是夜间疼痛，请您及时去医院骨科或者康复科就诊，向医生和物理治疗师寻求帮助，请医生诊断是属于肩周炎，还是其他脑部或颈椎疾患。如果确定为肩周炎，医生会帮助您确定目前是否需要服用药物或者注射针剂来减轻疼痛。

下面将为您介绍一些简单易行的家中运动方法来减轻疼痛，增强肩部肌肉力量，维持和扩大关节运动范围。

二、缓解肩部疼痛的练习

在运动前，我们可以先自我放松下颈肩部的软组织，减少运动时的疼痛感。

（一）颈肩部扳机点放松

辅具使用： 筋膜球或者网球、瑜伽垫。

起始位置： 仰卧位。

练习步骤（图 4-15）：

图 4-15　颈肩部扳机点放松

将筋膜球或网球放置于颈部或肩部疼痛位置，停留 60~90 秒，保持均匀呼吸。可通过侧卧倾斜的角度来调整肌肉承受的压力。

（二）简单易学的缓解肩部疼痛练习

在肩周炎患病初期，患者大多表现为肩部屈曲受限，也就是老百姓常说的"胳膊抬不起来"，拿取高处物品时耸肩明显。下面为大家介绍一组使用瑜伽球和晾衣杆的练习。

1. 瑜伽球肩前屈牵拉

辅具使用： 瑜伽垫、瑜伽球。

起始位置： 高跪姿于瑜伽球前，双手扶球。

练习步骤（图4-16）：

图4-16 瑜伽球肩前屈牵拉

（1）吸气，头顶向天花板延伸。

（2）吐气，臀部逐渐下落，保持脊柱处于中立位，逐渐增加肩部与身体的角度，当肩部出现轻微疼痛和牵拉感时保持在此位置，停留10~20秒，待肩部逐渐适应后再次降低臀部。

练习要点： 刚开始练习时不要产生过度疼痛，有明显的牵拉感、轻微的疼痛即可停住并维持该角度。待身体适应后再逐步增加运动范围。建议6~8次/组，2组/日。

练习益处： 增大肩前屈角度，方式温和，减少肩部前屈过程中肩胛骨的上抬。

2. 瑜伽球肩前屈牵拉 + 胸椎旋转

辅具使用：瑜伽垫、瑜伽球。

起始位置：高跪姿于瑜伽球前，双手扶球。

练习步骤（图 4-17）：

图 4-17　瑜伽球肩前屈牵拉 + 胸椎旋转

（1）吸气，头顶向天花板延伸。

（2）吐气，臀部逐渐下落，保持脊柱处于中立位，逐渐增加肩部与身体的角度，当肩部出现轻微疼痛和牵拉感时保持在此位置。

（3）吸气，双手扶球，头和胸向一侧转动。

（4）吐气，保持在该位置。停留 10~20 秒后，头和胸转向另一侧。

练习要点：转动时小腹一直朝向地板，让更多的旋转来源于胸椎。建议 6~8 次 / 组，2 组 / 日。

练习益处：增强胸椎灵活性，牵拉胸部前侧肌肉。

3. 晾衣杆肩外展牵拉

辅具使用： 瑜伽垫、晾衣杆。

起始位置： 站立于瑜伽垫上，双手握杆，手掌向上或向下均可。

练习步骤（图 4-18）：

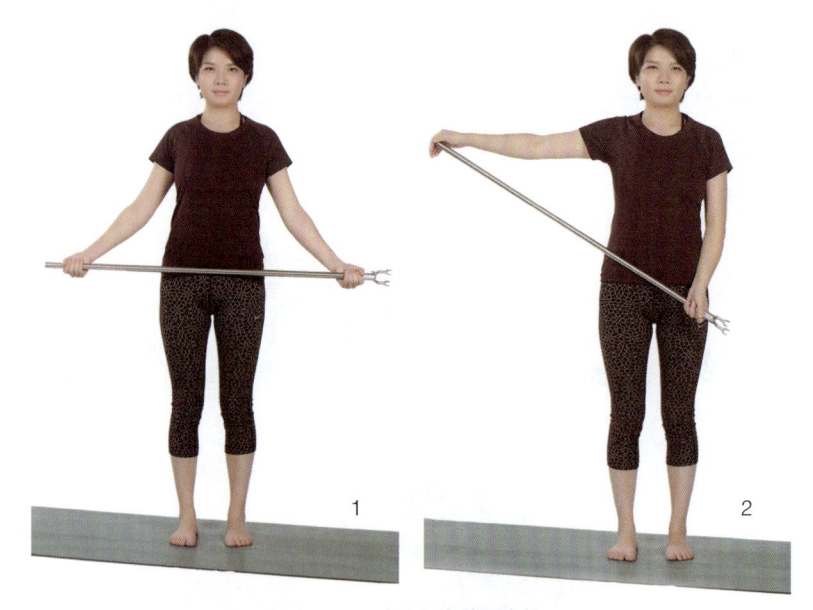

图 4-18 晾衣杆肩外展牵拉

（1）吸气，头顶向天花板延伸。

（2）吐气，患侧手掌握住晾衣杆一端，健侧手向上慢慢推动晾衣杆。感觉肩部有明显牵拉感后停留在该位置，10~20 秒后患侧手臂缓缓落下。

练习要点： 感觉肩部有牵拉感，在患者能够忍受的范围内。不要耸肩。建议 6~8 次/组，2 组/日。

练习益处： 增强肩外展活动范围。

4. 晾衣杆肩关节内外旋练习

辅具使用： 瑜伽垫、晾衣杆。

起始位置： 站立于瑜伽垫上，双手握杆，手掌向上或向下均可。

练习步骤（图4-19）：

图 4-19　晾衣杆肩关节内外旋练习

（1）吸气，头顶向天花板延伸。

（2）吐气，患侧上肢屈肘约90度，手掌握住晾衣杆一端，健侧手向患侧慢慢推动晾衣杆（外旋）。感觉肩部有明显牵拉感后停留在该位置，10~20秒后患侧手臂缓缓落下。

（3）吸气，头顶向天花板延伸。

（4）吐气，患侧上肢屈肘约90度，手掌握住晾衣杆一端，健侧手向健侧慢慢拉动晾衣杆（内旋）。感觉肩部有明显牵拉感后停留在该位置，10~20秒后患侧手臂缓缓落下。

练习要点： 感觉肩部有牵拉感，在患者能够忍受的范围内。患侧大臂贴近胸部。建议内外旋各6~8次/组，2组/日。

练习益处： 增强肩内外旋活动范围。

5. 晾衣杆肩关节外旋 + 脊柱侧屈练习

辅具使用：瑜伽垫、晾衣杆。

起始位置：站立于瑜伽垫上，将晾衣杆置于背后，从两侧上臂穿过，双手握杆。

练习步骤（图 4-20）：

图 4-20　晾衣杆肩关节外旋 + 脊柱侧屈练习

（1）吸气，头顶向天花板延伸。

（2）吐气，脊柱向一侧弯曲，牵拉对侧肋间和腰部肌肉，停留 10~20 秒。

（3）吸气，头顶向天花板延伸。

（4）吐气，脊柱向另一侧弯曲，停留 10~20 秒。

练习益处：舒缓肩部疼痛带来的整个脊柱的紧张和僵硬。

第四节 不同人群的普拉提训练计划

通过对前几个章节的学习，相信您一定已经对普拉提运动的呼吸、普拉提运动的中立位、慢性损伤的康复治疗都有了一定的了解。那么本节将带领大家进行一些更有针对性的普拉提训练，既包括运用垫上训练内容，也包括弹力带、弹力绳以及普拉提球的小器械训练。

一、发展身体灵活与稳定的普拉提训练

这是所有普拉提练习者开始练习的必选之项，这一部分的内容可以说是后面几部分的基础和辅助。在开启这一部分内容的学习之前，我们先要理解一个概念——有关"灵活"和"稳定"的辩证关系。如果我问您："您觉得是关节灵活性重要，还是稳定性重要呢？"估计，您的回答肯定是"都重要啊！"那我继续再问您："如果您的身体同时存在灵活性和稳定性问题，作为刚开始训练的您，认为最先要解决的是哪个问题？"您可能很难回答。事实上，一定是要先解决灵活性问题的！

我们简单思考一下"灵活"和"稳定"二者与损伤的关系。过于灵活，关节必然会因失稳或超过正常代偿范围而受伤；过于稳定，这里的"过于稳定"指的是关节活动度受限，那么不仅此受限关节容易受伤，其上下相邻关节也会因为这个关节的活动受限而代偿，以帮助本该负主要责任的关节完成其日常所需的动作，久而久之，"过于稳定"的关节是否会受伤不能确定，但它早晚都会牵连或拖累与它最接近的关节。因此，这就是运动康复领域在鉴别诊断方面一直强调的"整体观"。"头疼医头，脚疼医脚"的时代已在渐渐过去。无论是普通人健身、运动员训练、治疗慢性疼痛，还是损伤康复，建立"整体观"的思维都是极为重要和必要的。

由此，我们便要和大家介绍一下"相邻关节的灵活—稳定假说"。其中心思想是指人体中相邻两个关节的功能是正好相反的，任何一个部位出现问题，其损伤的根源可能不是此关节本身，而是其相邻关节的工作出现了"纰漏"，为了弥补此"纰漏"，相邻关节不得不承担起额外重任，一不小心，就会引发损伤。让我们由下至上，认真审视一下我们的身体：踝关节，灵活；膝关节，稳定；髋关节，灵活；腰椎，稳定；胸椎，灵活；肩胛骨，稳定；肩锁关节，灵活；肘关节，稳定；腕关节，灵活。大部分的损伤都是由于这些关节没能很好地履行自身义务所导致。恢复本该执掌灵活功能的关节的灵活性，强化本该执掌稳定功能的关节的稳定能力，是训练必须关

注的点。无论该关节的主要功能是灵活还是稳定，它都需要具备"灵活＋稳定"的能力，只是侧重点有所不同罢了。但稳定一定是建立在灵活的基础之上，没有灵活，稳定将无从谈起。因此，我们建议大家将这部分的训练内容融入您的训练和生活。

（一）脊柱屈伸

辅具使用： 瑜伽垫。

起始位置： 四点支撑，脊柱保持中立位。

练习步骤（图4-21）：

图 4-21 脊柱屈伸

（1）吐气，准备，四点支撑，头顶和坐骨向相反方向伸展拉长。

（2）吸气，腹部下沉，脊柱逐节伸展，始终保持中轴延伸。

（3）吐气，肚脐内收，弓腰弓背，脊柱逐节屈曲，背部呈长C形。

（4）吸气，身体还原至起始位置。

练习要点： 脊柱在进行逐节伸展的过程中，应始终保持中轴延伸，腹肌略收紧，避免腰椎压力过大。双肩始终保持下沉、远离双耳，颈椎保持均匀伸展，切莫过度伸展。脊柱在进行伸展和屈曲练习时，应始终保持中轴延伸，让脊椎呈现出一个平滑和均匀的长C形曲度。注意支撑点的压力均匀分布，切莫让压力集中在手腕和膝关节。

练习益处： 增强脊柱屈曲和伸展的灵活性。

（二）站姿卷下

辅具使用：瑜伽垫。

起始位置：站姿，脊柱保持中立位。

练习步骤（图 4-22）：

图 4-22 站姿卷下

（1）吸气，脊柱中轴延伸，头顶和双脚分别向相反方向延伸拉长。

（2）吐气，头部带领脊柱逐节卷下，头颈肩放松。

（3）吸气，脊柱中轴延伸。

（4）吐气，从骨盆开始启动，带领脊柱逐节卷起。

练习要点：在由头部带领脊柱进行逐节卷下的动作过程中，头部、颈部、肩部应保持放松，脊柱依靠重力缓慢逐节向下卷动。动作应流畅、自然，避免过分追求形式上的形似。脊柱下卷至末端时，若感觉大腿后侧肌肉拉伸感非常强烈，也可以微屈膝。脊柱在进行伸展和屈曲练习时，应始终保持中轴延伸，让脊椎呈现出一个平滑和均匀的长 C 形曲度。

练习益处：拉伸背部和大腿后侧肌群，强化脊柱逐节运动的能力。

（三）俯卧撑起进阶

辅具使用：瑜伽垫。

起始位置：俯卧并保持中立位，双手位于胸部两侧。

练习步骤（图 4-23）：

图 4-23　俯卧撑起进阶

（1）吸气，准备，头顶和尾部向相反方向延伸拉长。

（2）吐气，核心收紧，双手向下推垫子，上臂贴近身体，脊柱从颈椎开始逐节延伸抬起，手肘不需要完全伸直。

（3）吸气，脊柱在伸展位，依旧保持中轴延伸，双肩远离双耳。

（4）吐气，双手继续向下推垫子，脊柱继续逐节向上，耻骨不要离开垫子。

（5）吸气，脊柱在伸展位再次中轴延伸。

（6）吐气，脊柱慢慢逐节落回，核心收紧，回到起始位置。

练习要点：在脊柱进行伸展的过程中，核心始终保持收紧，避免腰椎压力过大。

练习益处：增强肩背力量和脊柱逐节伸展的灵活性。

（四）美人鱼

辅具使用：瑜伽垫、瑜伽砖。

起始位置：双腿屈膝，右腿外旋放置于身体前方，左腿内旋放置于身体侧方，脊柱尽可能保持中立位。髋关节灵活度受限的训练者可以在左侧坐骨下方垫一块瑜伽砖。

练习步骤（图4-24）：

图 4-24　美人鱼

（1）吸气，脊柱中轴延伸，双臂体侧平举伸展拉长，力到指尖。
（2）吐气，脊柱向右侧侧屈，右手落地，左臂沿耳侧向天空伸展。
（3）吸气，到左侧胸腔，右手撑住地面，脊柱侧向伸展拉长。
（4）吐气，身体还原到起始位置。
（5）吸气，脊柱中轴延伸，双臂体侧平举伸展拉长，力到指尖。
（6）吐气，脊柱向左侧侧屈，左手落地，右臂沿耳侧向天空伸展。
（7）吸气，到右侧胸腔，左手撑住地面，指尖和坐骨引领脊柱侧伸展拉长。
（8）吐气，脊柱向左下旋转，眼睛看向地面。
（9）吸气，脊柱反旋转回到侧屈。
（10）吐气，身体还原到起始位置。

练习要点：脊柱在侧屈的运动中应始终保持中轴延伸，不要压迫到腰椎。如果髋关节灵活度受限，应先进行髋关节灵活性的训练，再开始练习此动作。训练过程中，感受单边呼吸与动作之间的联系。如果髋关节灵活度非常受限，即便是垫砖也无法完成髋关节的内旋和外旋，推荐使用降阶体式进行训练。

练习益处：练习单边呼吸，强化脊柱侧屈和旋转灵活性，增强髋关节灵活性。

（五）美人鱼降阶训练

此降阶训练主要是针对髋关节灵活度受限的训练者而设计，相对于髋关节外旋受限的人来说，髋关节内旋受限的训练者会更多。因此，您可以选择将双腿屈膝前后相叠放于体前（图4-25），将一块瑜伽砖垫于坐骨之下，抬高臀部以减少髋关节外旋和屈曲的角度，降低关节压力，保持脊柱的中立位。

图 4-25　美人鱼降阶训练

（六）坐姿脊柱伸展

辅具使用：瑜伽垫、瑜伽砖。
起始位置：双膝盘坐于垫上，或屈双膝前后相叠放于体前，脊柱保持中立位。

练习步骤（图4-26）：

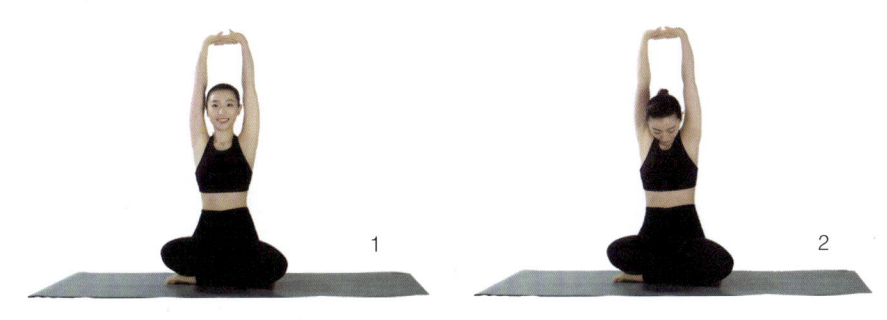

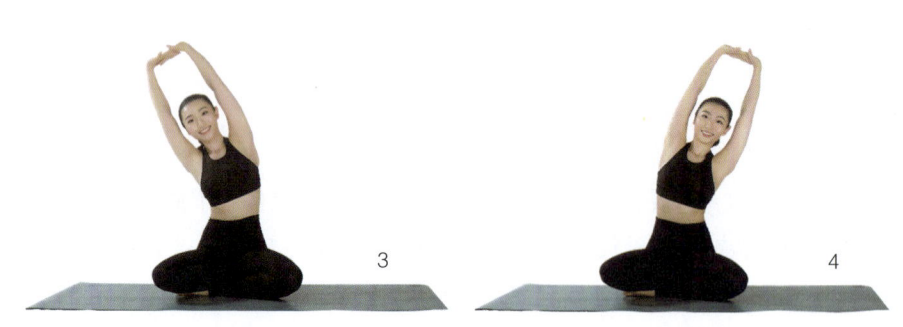

图 4-26 坐姿脊柱伸展

（1）吸气，双手上举，十指相扣，掌心翻转向上，脊柱中轴延伸。

（2）吐气，掌根与坐骨向相反方向延长伸展，低头，双肩下沉远离双耳。

（3）吸气，慢慢抬头，伸展脊柱，眼睛看天空，注意不要压迫到颈椎。

（4）吐气，身体向右侧侧屈，长 C 形伸展拉长，伸展侧腰。

（5）吸气，身体还原到中间。

（6）吐气，反向方侧屈，脊柱始终保持长 C 形，中轴延伸。

练习要点：在躯干进行侧屈伸展时，应尽量保持两个坐骨等重，如躯干向左侧侧屈，则右侧坐骨应同时产生一个与之相反的力，保持中轴延伸，掌跟和坐骨同时向相反的方向延展拉长。

练习益处：强化坐姿脊柱中立位、躯干逐节伸展时的中轴延伸。

二、久坐人群的普拉提训练

这是针对当前久坐人群专门设计的内容。低头打游戏的孩子、一直伏案写作业的学生、长时间盯着电脑的科研人员、弯腰照顾病人的护士、窝在沙发里看电视的朋友。圆肩、驼背、颈椎前引、X 形腿等，是不是都在隐隐地影响着你的姿态和气质？别人在拍照时，你一不小心看到作为背景的自己在毫无防备的情况下入了镜，那姿态和神情是不是不忍直视？这样的你，快来看看这部分的内容，进行一下自我修炼吧！

（一）俯卧撑起

辅具使用： 瑜伽垫。

起始位置： 俯卧并保持中立位，双手位于胸部两侧，下颌微收，鼻尖垂直于地面。

练习步骤（图 4-27）：

图 4-27 俯卧撑起

（1）吐气，准备，头顶和脚趾尖向相反方向延伸，拉伸整个身体。

（2）吸气，核心收紧，双手向下推垫子，上臂贴近身体，脊柱从颈椎开始逐节延伸抬起。

（3）吐气，收紧背部，手肘向上抬起并内收。

（4）吸气，双手落回垫子，脊柱在伸展位再次延伸拉长。

（5）吐气，脊柱慢慢逐节落回，核心收紧，回到起始位置。

练习要点： 在脊柱进行伸展的过程中，核心始终保持收紧，避免腰椎压力过大。

练习益处： 增强肩背力量和脊柱逐节伸展的灵活性。

（二）训练变式：飞镖

可以想象自己是一个被发射出来的炮弹，下颌微收，头顶引领脊柱伸展拉长，腹部始终保持收紧，双臂可放置于体后（图4-28），也可放置于体侧（双臂体侧平举）。

图4-28　训练变式：飞镖

（三）进阶训练：游泳

起始位置：俯卧并保持中立位，双臂上举至头顶，下颌微收，鼻尖垂直于地面。

练习步骤（图4-29）：

图 4-29　进阶练习：游泳

（1）吸气，准备，指尖和脚尖向相反方向延伸拉长。
（2）吐气，双臂和双腿沿最远的距离向上抬起，腹部始终保持内收。
（3）吸气，左臂和右腿同时向上抬起。
（4）吐气，慢节奏进行交替。
（5）吸气，吸气4次，交替4次。
（6）吐气，吐气4次，交替4次。
（7）吸气，双臂和双腿还原到同时抬起的位置，脊柱中轴延伸。
（8）吐气，双臂和双腿慢慢落回垫子。

练习要点：在双臂、双腿离开垫子的整个过程中，核心始终保持收紧，避免腰椎压力过大。在吸气和吐气并进行动作交换的过程中，注意呼吸和动作的配合，吸气或吐气的次数可以随着训练水平的提高而增加。

练习益处：增强肩背力量、强化躯干稳定性。

（四）单腿伸展

辅具使用：瑜伽垫。

起始位置：仰卧脊柱中立位，双手十指交叉放于枕骨后侧，双腿成桌面体位。

练习步骤（图 4-30）：

（1）吸气，准备，头顶和尾部向相反方向延伸拉长。
（2）吐气，腹部内收，骨盆后倾，头、颈、肩逐节卷起，腰椎向下压实垫子。
（3）吸气，脊柱长C形伸展，中轴延伸。
（4）吐气，右腿前伸下压，双手一上一下分别抱住左膝和左小腿。

图 4-30　单腿伸展

（5）吸气，右腿回收，左腿向前，骨盆—腰椎稳定，脊柱中轴延伸。

（6）吐气，左腿前伸下压，双手一上一下分别抱住右膝和右小腿，重复 10 次后，还原到起始位置。

练习要点：单腿伸展时，双手抱腿的上下位置准确，不要颠倒。交换腿时，保持腰椎和骨盆稳定。

练习益处：强化呼吸与动作之间的连接，强化腹肌力量、腰椎和骨盆的动态稳定能力，以及脊柱屈曲位下的中轴延伸。

（五）进阶训练：双腿伸展

练习步骤（图 4-31）：

图 4-31　进阶训练：双腿伸展

（1）吸气，准备，头顶和尾部向相反方向延伸拉长。

（2）吐气，腹部内收，骨盆后倾，头、颈、肩逐节卷起，腰椎向下压实垫子。

（3）吸气，双腿、双臂伸展，脊柱中轴延伸。

（4）吐气，双腿保持并拢屈膝还原，双臂向外打开画圈还原。

练习要点：跟随呼吸的节奏进行练习。注意身体的中轴延伸，特别是颈椎和腰椎的位置，注意动态训练中腰椎和骨盆的稳定。

（六）后斜板支撑

辅具使用：瑜伽垫。

起始位置：坐姿，双手体后支撑，绷脚尖。

练习步骤（图4-32）：

图4-32 后斜板支撑

（1）吸气，准备，脊柱中轴延伸，脚尖向远延伸。

（2）吐气，抬骨盆向上，髋关节前侧伸展，使得脊柱和双腿在一条直线上。

（3）吸气，骨盆慢慢落回，但不触碰地面。

（4）吐气，再次抬骨盆向上，髋关节向前侧伸展，重复3次。

练习要点：注意头的位置，头是脊柱的延长线。注意骨盆的位置，避免出现骨盆前倾。注意肋骨的位置，避免肋骨外翻。

练习益处：强化上肢和核心力量，训练躯干稳定性。

（七）进阶训练：后斜板单腿支撑

练习步骤（图4-33）：

图4-33 进阶训练：后斜板单腿支撑

（1）吸气，准备，脊柱中轴延伸，脚尖向远延伸。

（2）吐气，抬骨盆向上，髋关节向前侧伸展，使得脊柱和双腿在一条直线上。

（3）吸气，躯干保持稳定，头顶与脚尖向相反方向伸展拉长。

（4）吐气，抬左腿向上，身体始终保持稳定，跟随呼吸，双腿交替。

（八）背部伸展（普拉提球辅助）

辅具使用：瑜伽垫、普拉提球。

起始位置：俯卧中立位，双臂伸直上举至头顶，轻压普拉提球激活肩袖肌群。

练习步骤（图 4-34）：

图 4-34 背部伸展（普拉提球辅助）

（1）吸气，准备，指尖和脚尖向相反方向延伸拉长。

（2）吐气，双手向下压普拉提球的同时，肩袖肌群发力，使得双侧肩胛骨向内、向下稳定，核心收紧，脊柱从颈椎开始逐节延伸抬起。

（3）吸气，脊柱逐节下落，还原至起始位置。

练习要点：在脊柱伸展的整个过程中，核心肌群始终保持收紧。双手向下压球时，体会肩胛骨的下回旋动作及肩袖肌群的激活。

练习益处：增强肩背力量，强化核心稳定性和控制力。

（九）仰卧手臂练习

辅具使用： 瑜伽垫、弹力绳、半圆泡沫轴。

起始位置： 仰卧在半圆泡沫轴上，脊柱保持中立位。

练习步骤（图4-35）：

图4-35　仰卧手臂练习

（1）吸气，准备，双手指尖指向天空方向并延伸拉长。

（2）吐气，双臂下按弹力绳至体侧。

（3）吸气，双臂还原至起始位置，双肩打开，肱骨头与手指尖向相反方向延伸拉长，脊柱中轴延长。

（4）吐气，双臂下按弹力绳至体侧。

（5）吸气，左臂体前还原，右臂侧平举。

（6）吐气，双臂下按弹力绳至体侧。而后，反方向交替做。

练习要点： 动作过程中，始终保持肩胛骨的稳定，感受手臂抗阻训练时对核心稳定的挑战。

练习益处： 强化肩袖肌群力量，训练肩背稳定性，增强脊柱稳定性。

（十）手臂画圈

辅具使用： 瑜伽垫、弹力绳。

起始位置： 站姿中立位，掌心向后，弹力绳放置于虎口处。

练习步骤（图 4-36）：

图 4-36 手臂画圈

（1）吸气，准备，脊柱中轴延伸，弹力绳有张力。

（2）吐气，双臂向地面延伸，并向体后推弹力绳。

（3）吸气，双臂还原到体侧，保持弹力绳的张力，重复上述动作 8~10 次。

（4）吐气，肩背稳定，右臂拉弹力绳上举过头，左臂后推弹力绳至体后。

（5）吸气，双臂还原到体侧，保持弹力绳的张力，重复上述动作 8~10 次。

（6）吐气，肩背稳定，右臂拉弹力绳上举过头，左臂后推弹力绳至体后。

（7）吸气，双臂经侧平举，变换位置至左臂在上、右臂在下。

练习要点： 在手臂最终完成画圈动作时，可以想象整个人正贴靠在墙面上，手臂沿着墙面向最远方向伸展并画圈。手臂在进行抗阻训练时，脊柱应始终保持中立位，收紧腹部，避免腰椎代偿。

练习益处： 加强躯干稳定和控制，增强肩背力量。

（十一）训练变式：俯身直臂后推

辅具使用： 瑜伽垫、弹力绳。

起始位置： 双脚分开与肩同宽，屈髋、屈膝，俯身，脊柱保持中立位，双臂与弹力绳在一条直线上。

练习步骤（图 4-37）：

图 4-37　俯身直臂后推

（1）吸气，准备，脊柱中轴延伸，弹力绳有张力。

（2）吐气，肩背稳定，双臂伸直向体后推弹力绳。

（3）吸气，双臂还原到与弹力绳一条直线，重复上述动作 8~10 次。

（十二）下蹲动作模式训练

辅具使用： 瑜伽垫、迷你弹力带。

起始位置： 站姿中立位，双腿分开与肩同宽，迷你弹力带放于膝关节上方。

练习步骤（图 4-38）：

图 4-38 下蹲动作模式训练

（1）吸气，准备，脊柱中轴延伸。

（2）吐气，双臂前伸，屈髋、屈膝、下蹲，膝关节对准第二脚趾，脊柱中轴延伸。

（3）吸气，双脚向下踩实地面，臀肌激活，缓慢伸直膝关节，还原到起始位置。

练习要点： 在进行下蹲动作模式的训练中，感受臀肌发力和脊柱中轴延伸，特别是腰椎和骨盆的动态稳定。

练习益处： 下蹲，就是我们平时坐下或站起时最常用的动作模式，通过弹力带抗阻，能够让臀肌在完成该动作模式时有更多参与。最终，当去掉弹力带的时候，身体在完成下蹲动作时也能够正确激活臀肌，维持腰椎和骨盆的稳定。

三、塑造完美腿型的普拉提训练

这部分主要是针对当前以减脂塑形为训练目标的人群所设计的训练方案，训练所针对的部位主要以核心和下肢为主。特别要提及的就是"核心训练"，大家一直对"核心"的认识存在一些误解，很多人仍旧认为只有各种花式卷腹才是核心训练。其实不然，核心可以作为单独的身体部位进行练习，但其实核心的训练贯穿所有训练的始终。当您在看到这部分的训练动作时，难免会以为那都是集中于对下肢的训练，但希望您能在进行下肢训练的过程中，更多地关注自己的核心稳定与髋关节分离运动的能力。

（一）脚跟击打

辅具使用：瑜伽垫。
起始位置：俯卧并保持中立位，双手相叠，垫于前额下方。
练习步骤（图4-39）：

图4-39　脚跟击打

（1）吸气，准备，头顶和脚尖向相反方向延伸拉长。
（2）吐气，双腿沿最远的距离向上抬起，腹部始终保持内收。
（3）吸气，双腿外旋、分开与肩同宽，向远延伸。
（4）吐气，吐气5次，脚跟击打5次，吸气5次，脚跟击打5次，重复 6~8 次。

（5）吸气，双腿并拢，脊柱中轴延伸。

（6）吐气，双腿慢慢落回垫子。

练习要点： 在双腿离开垫子的整个过程中，核心应始终保持收紧。在吸气和吐气进行脚跟击打的过程中，维持脊柱稳定，注意呼吸和动作的配合，吸气或吐气的次数可以随着训练水平的提高而增加。

练习益处： 增强肩背力量，强化躯干稳定性。

（二）跪姿侧踢

辅具使用： 瑜伽垫。

起始位置： 单腿屈膝跪地，右臂支撑垂直于地面，左手扶髋或放置于头后。

练习步骤（图 4-40）：

图 4-40　跪姿侧踢

（1）吸气，准备，左腿伸直向体侧伸展。

（2）吐气，从髋关节启动，带动左腿延伸上抬至与地面水平。

（3）吸气，左腿下落，但不触地。

（4）吐气，左腿上抬至与地面水平，重复6~8次，换反方向。

练习要点：关于动作的呼吸，无须刻意完全按照上文所述。"腿部上抬至与地面水平"，既可在吐气时完成，也可在吸气时完成。吸气完成，更有利于伸展，但会给稳定性带来更大挑战。

练习益处：强化核心稳定性和臀肌力量。

（三）进阶训练：跪姿腿画圈

练习要点：跪姿腿画圈练习（图4-41）对核心稳定性及臀肌力量的要求更高。也可以将手放置于头后，增加阻力臂，以达到进阶训练的目的。

图4-41 进阶训练：跪姿腿画圈

（四）降阶训练：侧卧抬腿

起始位置： 身体侧卧，脊柱中立位，腰下有空间。

练习步骤（图 4-42）：

图 4-42　降阶训练：侧卧抬腿

（1）吐气，从髋关节启动，左腿延伸上抬至与地面成 30 度角或更高。

（2）吸气，左腿下落，双腿并拢且不触地。

（3）吐气，左腿上抬至与地面水平，重复 6~8 次，换反方向继续做。

练习要点： 在练习过程中，脊柱尽可能保持中立位，躯干部位尽可能保持稳定，避免抬腿时脊柱出现扭转。

（五）训练变式：迷你弹力带侧卧抬腿

练习要点：身体侧卧，将迷你弹力带放置在脚踝或膝关节上下，脊柱尽可能保持中立位，左腿抗阻外展，右腿向下压住地面，保持稳定（图4-43）。

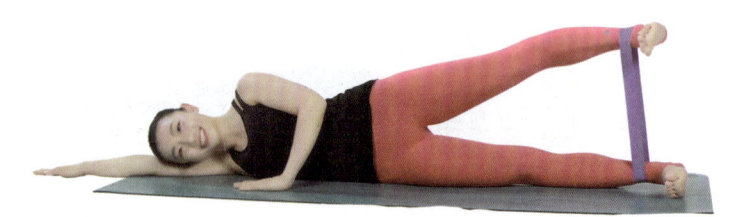

图4-43　迷你弹力带侧卧抬腿

（六）训练变式：迷你弹力带侧卧抬腿（进阶版）

练习要点：身体侧卧，将迷你弹力带放置在脚踝或膝关节上下，脊柱尽可能保持中立位，左腿抗阻外展，右腿中立位悬空，保持稳定（图4-44）。

图4-44　训练变式：迷你弹力带侧卧抬腿（进阶版）

（七）侧踢腿

辅具使用： 瑜伽垫。

起始位置： 侧卧肘支撑，躯干保持均匀弯度，脊柱中轴延伸，双腿可以与躯干放于一条直线，也可以略向前放置 30 度，更易保持身体平衡。

练习步骤（图 4-45）：

图 4-45 侧踢腿

（1）吸气，左腿外展至与髋关节同高，与地面水平。

（2）吐气，左腿向前脉冲式前踢 2 次，躯干保持稳定。

（3）吸气，左腿向后摆动，髋关节前侧充分伸展，单侧腿重复 8 次后，换反方向继续做。

练习要点： 在腿进行前踢腿和后伸展时，脊柱应尽可能保持稳定。随着训练水平的不断提高，屈髋和伸髋的幅度可逐渐增加。

练习益处： 强化腹部、臀部肌肉，提高脊柱稳定性及屈髋和伸髋的身体控制力。

（八）进阶训练：单手支撑侧踢腿

练习要点： 在单手支撑的侧踢腿动作中，手臂与地面的接触面积更小，对身体的平衡控制能力要求更高，脊柱应尽可能保持在中立位，在训练全过程中保持中轴延伸（图 4-46）。

图 4-46　进阶训练：单手支撑侧踢腿

（九）空中飞人

辅具使用：瑜伽垫、普拉提球。

起始位置：俯卧并保持中立位，双臂上举至头顶，小拇指轻触地面，下颌微收，鼻尖垂直于地面，脚踝内侧夹普拉提球。

练习步骤（图4-47）：

夹球（1） 　　夹球（2）

图4-47　空中飞人

（1）吐气，准备，指尖和脚尖向相反向延伸拉长。

（2）吸气，双臂和双腿沿最远的距离向上抬起，腹部始终保持内收。

（3）吐气，臀部收紧，双腿内收夹球。

（4）吸气，短促吸气5次，双腿内侧夹球；短促吐气5次，双腿内侧夹球。

练习要点：在脊柱伸展过程中，核心始终保持收紧，避免腰椎压力过大。

练习益处：增强上肢肩背和下肢腿部内收肌力量。

（十）蚌式开合

辅具使用：瑜伽垫、迷你弹力带。

起始位置：侧卧位，屈膝屈髋，勾脚尖，脚跟与躯干成一条线，脊柱保持中立位。

练习步骤（图4-48）：

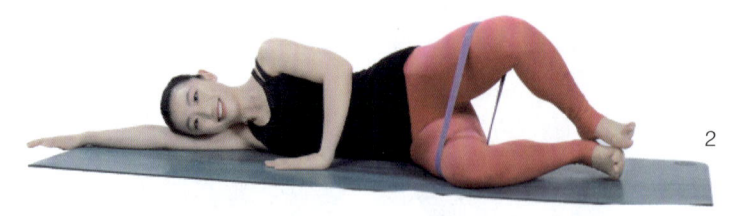

图4-48 蚌式开合

（1）吸气，准备，头顶和坐骨向相反方向延长伸展。

（2）吐气，从左侧髋关节处启动，左髋抗阻外旋，骨盆保持中立位，双脚脚跟不要分开。

（3）吸气，左腿还原，重复8次后，换右腿进行练习。

练习要点：髋关节在进行抗阻外旋时，脊柱应始终保持稳定和中轴延伸。

练习益处：强化脊柱在中立位的稳定性，训练臀肌和核心力量。

（十一）仰卧直腿画圈

辅具使用： 瑜伽垫、长弹力带。

起始位置： 仰卧，单腿由弹力带辅助，直腿上抬，另一条腿水平延伸并下压地面。

练习步骤（图4-49）：

图4-49 仰卧直腿画圈

（1）吐气，左腿直腿上抬，右腿及头顶向最远的方向延长伸展。

（2）吸气，左腿从髋关节处启动，想象用脚趾在天花板上向内画圈，躯干保持稳定。

（3）吐气，左腿继续向内画圈，呼吸交替但动作不变；5 圈后，转换向外画圈，5 圈后，还原到起始位置，换右腿进行练习。

练习要点：腿画圈时，可以想象股骨在髋臼中像捣蒜泥一样运动，骨盆保持稳定。如果感觉直腿完成动作比较费力，可以尝试屈膝，想象用膝关节在天花板上画圈。如果感觉运用腘绳肌完成直腿上抬动作比较费力，可以尝试用弹力带进行辅助。熟练后，可在不使用弹力带的情况下独立完成动作。

练习益处：强化腰椎和骨盆的稳定性，训练腹肌，增强髋关节的运动控制能力。

四、产后人群的普拉提康复训练

这部分主要是针对产妇设计的一套针对腹直肌分离问题的训练方案。训练内容既适用于顺产的妈妈们，也适用于剖腹产的妈妈们，只是训练开始的时间有些许差异。对于顺产的妈妈们来说，产后 2~3 天，便可开始练习，但一定要仔细阅读"练习要点"，高龄、有任何禁忌证和家族病史的妈妈们一定要征得医生同意后再开始练习。剖腹产妈妈们要根据伤口完全愈合的时间确定何时开始练习，遵医嘱准没错。

（一）双腿桥式

辅具使用：瑜伽垫、瑜伽砖、半圆泡沫轴。

起始位置：仰卧并保持中立位，双腿弯曲，脚跟对准坐骨，双臂放置于体侧，掌心向下。

练习步骤（图 4-50）：

辅具 1：瑜伽砖

辅具 2：半圆泡沫轴

图 4-50 双腿桥式

（1）吸气，头顶和坐骨向相反方向延长伸展。

（2）吐气，从盆底肌开始启动，骨盆后倾，尾骨带动脊柱逐节慢慢卷起，抬高臀部，中轴始终保持延伸。

（3）吸气，脊柱中轴延伸，膝关节向前延伸。

（4）吐气，从胸口开始，脊柱慢慢逐节落下，回到起始位置。

练习要点：骨盆卷动应从盆底肌的预收缩开始。

练习益处：增强盆底肌力量，激活核心肌群，提高脊柱灵活性，增强臀部和大腿后侧腘绳肌力量。

（二）进阶训练：加强版双腿桥

练习步骤（图4-51）：

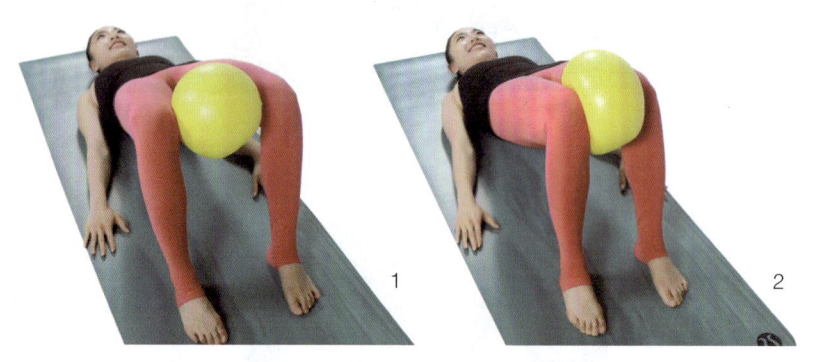

图4-51 进阶训练：加强版双腿桥

（1）吐气，盆底肌收缩，双腿内收，肌肉启动，向内夹球。
（2）吸气，盆底肌放松，双膝还原到起始位置。

练习要点：盆底肌收缩和放松的节奏应与呼吸相一致。吸气时，盆底肌放松；吐气时，盆底肌收缩。吐气时，既可以缓慢深长地吐气，也可以快速短促地吐气。

（三）单腿滑行

辅具使用：瑜伽垫。
起始位置：仰卧并保持中立位，双腿弯曲，脚跟对准坐骨，双臂放置于体侧，掌心朝下。

练习步骤（图 4-52）：

图 4-52 单腿滑行

（1）吸气，头顶和坐骨向相反方向延长伸展。

（2）吐气，盆底肌先收缩，腰椎和骨盆保持稳定，右脚沿地面向前滑动。

（3）吸气，右腿还原至起始位置，中轴始终保持延伸，盆底肌放松。

（4）吐气，盆底肌先收缩，左脚沿地面向前滑动。

（5）吸气，左腿还原至起始位置，腰椎和骨盆始终保持稳定。

练习要点：腰椎和骨盆始终保持稳定，完成动作的全过程脊柱都要保持中轴延伸。

练习益处：增强盆底肌力量，激活核心肌群，强化腰椎和骨盆的动态稳定，缓解或预防产后腰痛。

（四）"死虫"式

辅具使用：瑜伽垫、半圆泡沫轴。

起始位置：仰卧位，屈膝，双膝分开与骨盆同宽。骨盆保持中立位，双手掌位于身体两侧，手掌向下或向上均可。练习一段时间后可以从双腿或桌面体位开始。

练习步骤（图4-53）：

图4-53 "死虫"式

（1）吸气，左腿从大腿根向上卷起，小腿抬至与地面水平。
（2）吐气，盆底肌收缩，左腿轻轻下落，腰椎和骨盆始终保持稳定。
（3）吸气，右腿从大腿根向上卷起，小腿抬至与地面水平。
（4）吐气，右腿慢慢下落，还原至起始位置。

练习要点：在运动中，躯干保持稳定，减少晃动。如果不能保持躯干稳定，则减小腿部运动幅度。

练习益处：增强髋关节的分离运动，增强腹部肌肉力量及躯干控制能力。

（五）进阶训练："死虫"式进阶

练习要点：两种不同的进阶训练方式都是因减少了身体支撑面积，而增加了对躯干的稳定性要求（图4-54）。

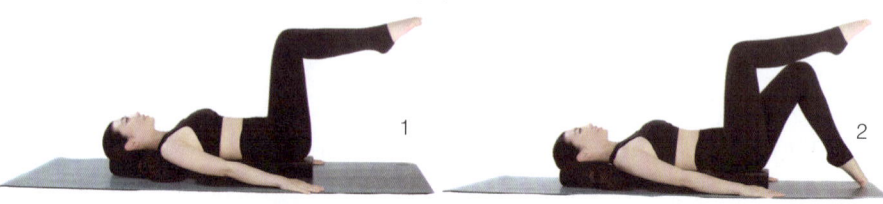

"死虫"式进阶训练一

"死虫"式进阶训练二

图 4-54 进阶训练:"死虫"式进阶训练

练习益处:增强髋关节的分离运动,增强腹部肌肉力量及躯干控制能力,帮助打开圆肩和缓解前胸紧张。

(六)仰卧膝外展

辅具使用:瑜伽垫。

起始位置:仰卧位,屈膝,双膝分开与骨盆同宽。骨盆保持中立位,双手轻扶于髋关节上方。

练习步骤(图 4-55):

水平图

俯视图

图 4-55 仰卧膝外展

（1）吸气，头顶和坐骨向相反方向延长伸展。

（2）吐气，盆底肌先收缩，在腰椎和骨盆保持稳定的情况下，右膝向外展开。

（3）吸气，右膝还原至起始位置，中轴始终保持延伸，盆底肌放松。

（4）吐气，盆底肌先收缩，左膝向外展开。

（5）吸气，左膝还原至起始位置，腰椎和骨盆始终保持稳定。

练习要点：在膝关节外展过程中，骨盆应始终保持稳定。若骨盆在膝关节外展过程中失去中立位，则减小膝外展的角度。

练习益处：增强髋关节的分离运动，增强腹部肌肉力量及腰椎和骨盆的控制能力，缓解或预防产后腰痛的发生。

（七）前支撑训练

辅具使用：瑜伽垫。

起始位置：四点支撑，脊柱保持中立位。

练习步骤（图 4-56）：

图 4-56 前支撑训练

(1)吸气,准备,四点支撑并保持中立位,头顶和坐骨向相反方向伸展拉长。

(2)吐气,肚脐内收,盆底肌收缩,右脚引领右腿沿地面向后伸展。

(3)吸气,脊柱中轴延伸,盆底肌放松。

(4)吐气,盆底肌收缩,右腿还原,腰椎和骨盆保持稳定和中轴延伸。

(5)吸气,四点支撑位,脊柱中轴延伸。

(6)吐气,反方向继续做。

练习要点:在练习过程中,脊柱始终保持中立位,枕骨、胸椎、骶骨始终保持在一条直线上,脊柱始终保持中轴延伸。手掌、小腿和脚背应帮助手腕和膝关节分担支撑地面的压力。两个手肘不要超伸。盆底肌跟随呼吸的节奏进行收缩和放松。

练习益处:提升上肢、盆底肌力量,强化肩胛稳定性及核心稳定能力。

(八)腹直肌激活

辅具使用:瑜伽垫、普拉提球。

起始位置:双膝弯曲,以坐姿中立位开始,躯干后倾,核心内收,压住普拉提球,脊柱中轴延伸。双手拉住大腿后侧,两个肘关节向外侧打开,肩背稳定的同时,帮助脊柱维持中轴延伸。也可用进阶起始位,即双手十指交叉放于枕骨后侧,头与手有轻微对抗,保持颈部的延伸拉长。

练习步骤(图4-57):

起始位　　　　　　　　　进阶起始位

图 4-57 腹直肌激活

（1）吸气，双臂在胸前平举，掌心相对，头顶和坐骨向相反方向伸展拉长。

（2）吐气，双手上举至头顶，与躯干成一条直线。

（3）吸气，肋骨胸腔下沉，双臂还原至胸前平举；重复 6~8 次后还原至起始位置。

练习要点：训练中，注意躯干中立位的保持，腹直肌等长收缩。双臂上举过头的动作会给躯干的稳定带来更大挑战。初学者只需静力性保持在起始位并进行 6~8 次呼吸即可。

练习益处：激活腹直肌，增强腰椎和骨盆的稳定性。

（九）进阶训练：腹直肌激活（弹力带加阻）

辅具使用：瑜伽垫、普拉提球、弹力带。

练习要点（图 4-58）：从起始位时双臂在胸前平举，到拉开弹力带至双臂侧平举或是伸展至头顶。

图 4-58 进阶训练：腹直肌激活（弹力带加阻）

练习益处：双臂在对抗弹力带阻力的过程中，更多地激活了肩袖肌群。稳定的肩胛骨使肩背更有力，除了能够帮助产后妈妈更好地维持身体姿态，也能让妈妈在抱起孩子的过程中躯干更加稳定而有力，减少不必要的代偿，进一步预防产后腰痛的发生。

参考文献

[1] JOSEPH D. Pilates' Return to Life through Contrology [M]. Incline Village: Presentation Dynamics, 1988:12–14.

[2] PEGGY H. Therapeutic Exercise for Musculoskeletal Injuries (4th ed.) [M]. Human Kinetics, 2016:297–299.

[3] HOY D, BROOKS P, BLYTH F, et al. The Epidemiology of low back pain [J]. Best Pract Res Cli Rheumotol, 2010, 24:769-781.

[4] KENT P M, KEATING J L. The epidemiology of low back pain in primary care[J]. Chiropr Osteopat, 2005, 13:13.

[5] STEENSTRA I A, VERBEEK J H, HEYMANS M W, et al. Prognostic factors for duration of sick leave in patients sick listed with acute low back pain: a systematic review of the literature[J]. Occup Environ Med, 2005, 62:851-860.

[6] THELIN A, HOLMBERG S, THELIN N. Functioning in neck and low back pain from a 12-year perspective: a prospective population-based study[J]. J Rehabil Med, 2009, 40:555-561.